新手父母

【暢銷修訂版】

男の子を伸ばす母親は、ここが違う!

媽媽這樣做 男孩會不同

松永暢史——著
王薇婷——譯

作者的話

男孩子老是靜不下來，讓人傷透腦筋。走路時會故意走在人行道邊的路緣石上；只要一有新發現，還來不及叫他「等一下」就不見人影，還喜歡撐傘從高處跳下。看到樹就想爬、看到蟲就想抓、看到池子就想丟石頭。動不動就想跟男生朋友打賭比賽。

一刻都不能讓孩子離開自己的視線，因為不知道下一秒他又會闖出什麼大禍……。

就算自己也有兄弟，但沒有一位母親第一次照顧男孩子就能得心應手。演變到最後，媽媽終究無法壓抑自己的怒氣，成天大罵小孩的案例更是屢見不鮮，但男孩子一點也不在乎，還是整天靜不下來，拚命找些新奇有趣的事物來玩。

我將男孩子這種行動特性命名為「小雞雞的力量」。男孩子天生就是靜不下來，只要能遵守最基本的遊戲規則，家長就無須過度干涉。

這樣一來，孩子才能不斷成長茁壯。

因此，最重要的就是讓男孩子養成能「把握當下」、義無反顧挑戰新事物的習慣。為此打造出一個能讓男孩子盡情體驗的教育環境，就變得非常重要。

本書於二〇〇六年由扶桑社出版，一推出就深受好評，我也因此趁勝追擊，推出了《媽媽這樣做，女孩會不同》一書。兩本書合計銷量突破了五十萬本，成了家喻戶曉的暢銷書籍。

這次，承蒙秉持著「要讓更多讀者知道這本書」精神的扶桑社，讓這本書有幸推出更加方便攜帶的文庫本，身為作者的我，內心百感交集。為了推出文庫本，我也在內容上進行些許修正，希望能有更多家長閱讀此書，為諸位在教導孩子時貢獻一分棉薄之力。

松永暢史

前言

小雞雞的力量

大家好，我是松永暢史。

我的工作是「教育環境設定顧問」。首先，請讓我說明一下自己的工作內容。主要業務分為以下三項。

①考試計畫——分析國中、高中、大學的所有入學考考題，設計出最有效率的學習課程，並付諸實行。

②學習方法開發——開發到目前為止變成學校與補習班盲點的學習方法，如朗讀法、作文技巧、骰子學習法等，並傳授給學生。

③教育輔導員——為學生與家長說明客觀情況，設計最佳的教育環境。

這樣看下來，大家可能會覺得跟升學補習班的簡介一模一樣。簡單來說，我的工作就是在不揠苗助長的情況下，提出讓每個孩子都能考上心目中理想學校的方法。換句話說，我的使命就是讓學生輕鬆考上第一志願。

重點在於「輕鬆」。因為你把孩子逼到絕境的話，他們可能會崩潰，如此一來，就算考上所謂的第一志願，也沒有任何意義。

再說，升學考的本質，與其說是透過以金榜題名為目標的學習獲得知識，不如說是要讓頭腦變得更好，孩子能透過升學考，將目標設定在提升自己的能力，而不是有沒有考上，畢竟不夠聰明的話，就算考上第一志願，就讀後也可能會跟不上其他人的腳步。因此，從教育環境設定顧問的角度來看，這是理所當然的。

長年以來，我指導過許多男孩子，這讓我歸結出一個結論，那就是讓**小男孩盡情去玩樂的話，長大之後的學習效率就越好**。歷史上有名的政治家、科學家、藝術家，都是很好的例子。這些知名人物的共通點，就是都擁有一個快樂的童年。

換句話說，我們就會得到一個「男孩子越愛玩越容易功成名就」的真理。

不過，聽到這句話時，大家應該都會覺得很不可置信吧！但這裡所謂的「玩樂」，是伴隨實際體驗的活動，而非電視、手機、電腦等虛擬世界的遊戲；是基於好奇心，以直接體驗為目的的玩樂。

再換個角度來想，這就是人們常說的：「男人不能光只有工作能力好，為人不風趣的話，根本不會有女生想嫁給你。」

因此，家長不能讓家裡的孩子長大變成這樣。好不容易辛苦拉拔長大的孩子，將來如果真的結不了婚，恐怕也讓人傷透腦筋吧！

那該怎麼解決這個問題呢？

關鍵就在於「小雞雞的力量」。

簡單來說，**小雞雞的力量，就是男孩子靜不下來的個性。**男孩子老愛做些無關緊要的事情，或擁有意想天開的能力。一般來說，這都會被母親或學校老師（特別是女老師）視為「靜不下來」、「愛出風頭」的行為表現。**但小雞雞的力量，正是男性的自主性、自立性、創造性、知性與行動力的根源。**

被視為人類進化根源的此一力量，如今卻被視為妨礙學習的阻礙，並被補習班或學校漠視，藉著大量的才藝或作業，奪走重要的玩樂時間，扼殺了孩子們的成長。此外，在不斷都市化的日常生活中，手機、電腦遊戲、電視、漫畫等室內遊戲，更大大削弱了小雞雞的力量，最後，讓男孩子們成天把自己關在家裡或成為尼特族，更嚴重的是養成了連自己都無法控制的殘暴性格，走上犯罪一途。

很多女性都覺得最近的男性一點男人味都沒有。但其實這並不是他們自願，而是大環境所造成的。

我認為這是因為我們將過多期待與過度保護，加諸在少子高齡化社會中的男孩子身上，因此，才會造成小雞雞力量的消退。

我並非誇大其辭，但這正是現代社會面臨的最大危機。現在已經不是談論「父性喪失」的時候了。我當然知道這時代的女性越來越強勢，這已經是無法阻擋的趨勢，但最令人深惡痛絕的，是「強者」正試圖消滅小男孩所擁有的小雞雞力量。

到頭來只會產出大量無趣的男性。試問諸位女性同胞會希望這種事發生嗎？

保護這社會的是認真的男人；創造未來的是風趣的男人。

如何培養男孩子的知性與溝通能力？

養育男孩的玩樂法是什麼？

到底該怎麼養育男孩子呢？

這本書將為讀者進行最簡單易懂的解說。

但凡事都有「例外」，我的建議並非適用於所有案例，希望大家能將我的意見當作「參考」。總之，我在「教育現場」是這麼說的：沒有比小雞雞力量更有趣的東西。

「小雞雞的力量根源，是人類之愛。」

無視此一力量的教育是人神共憤的。

目錄

媽媽這樣做 男孩會不同

第2章 關於男孩的修養

第3章 關於男孩的培育

第1章

關於男孩的學習

1 真正的學習從十四歲以後再開始

我先來介紹一下日本升學考試的歷史。

第二次世界大戰後，日本經濟急速成長，一九六八年後，日本人口超過一億，日本人的心中產生了名為「一億總中流（大多數日本國民都認為自己是中產階級）」的意識，所謂「升學戰爭」就是從這時候開始的。但此時是以大學考試為主。

八十年代以後，升學戰爭從大學拓展到國中。一九九一年起，因泡沫經濟崩盤所造成的「失落十年」，讓日本有了顯著的貧富差距。曾幾何時開始，「人生勝利組、失敗組」的詞彙變得耳熟能詳，每個人都拚命想躋身成為「人生勝利組」——這就是日本的現況。

所謂的「勝利組」，就是人生的贏家，但往往只有「擁有高社會地位，經濟不虞匱乏」的意義。最具代表的例子就是住在六本木，被稱為「Hills族」的上班族，以及靠ＩＴ致富的有錢人。

原本，「勝利組」應該是指靠著一技之長，或以藝術、運動、學問等長才聞名全世界的人們。

但現在的普遍認知，卻是擁有財富與社會地位的人，才稱得上所謂的「勝利組」。不可否認的，每個人的目標都是成為「人生勝利組」。應該有很多人都抱持著想早一步躋身人生勝利組，最重要的就是要「念好大學、進好公司」的想法吧！而這個想法也促使升學競爭變得更加激烈。

對家有女兒的父母親來說，抱著「找個金龜婿」想法的人應該還不少，因此過度著重教育的例子比較罕見。不過，「人生勝利組＝好大學、知名企業（或是政府官員）」的想法，在家有寶貝兒子的父母心中已是根深蒂固。

應運而生的便是「幼兒教育」。「要進好大學的話，一定要盡早開始準備升學考試」這個想法，幾乎可以說是一般家長的常識，過去種種揶揄知名私立幼兒園或私立小學入學考試的說法，早就不符合時代潮流了。

從小就去上幼兒教室，或學鋼琴、游泳、英文會話等才藝，總是跟媽媽一起出門……。小孩的生活變得一點也不輕鬆。

可能會有家長抱著：「雖然說是去上課，但也跟玩沒兩樣啊！孩子自己玩得也還蠻開心的啊！」這樣的想法。

幼兒教室的課程，的確多半都是使用卡片或動動身體的活動，看起來跟遊戲沒兩樣，因此，常會讓大人誤以為跟在公園玩沒什麼兩樣。

但我可以很肯定的告訴各位家長：「這是非常嚴重的錯誤觀念。」

在教導鋼琴、游泳等才藝課程的幼兒教室，的確採用了許多玩樂的要素，以便引起小孩的興趣。但我想提醒大家的是，這些遊戲都只是讓孩子去執行大人事先制定好的規則，而不是真正的玩樂。

請試想孩子在公園玩耍時的情景。應該會發生其他小朋友突然跑出來搶走孩子心愛的玩具、將孩子辛苦收集的落葉通通丟進池塘裡，或是放在公園長椅上的點心被烏鴉吃掉的情況吧！

相反的，在幼兒教室裡，很少會發生這樣「意想不到的發展」「突如其來的意外」。

可能會有家長認為：「這樣不是讓人很放心嗎？」但我只能說這是大錯特錯的觀念。**因為意外事件正是讓孩子發現意外的驚喜跟體驗各式情感的大好機會啊！**

因此，我認為要提高男孩子的學力，關鍵就在於**「小時候盡情玩樂的經驗」**，而不是小小年紀就開始埋首書堆。

這點非常重要，所以請容我再重述一次，我所謂的玩樂，並不是一個人盯著電視或電腦螢幕打電動，而是在大自然中活動筋骨，跟朋友一起玩樂。這對男孩子來說，是非常寶貴的經驗。

因為，男孩子可以藉此在大自然中，發現許多「神奇」、「美麗」的事物。活動筋骨盡情玩樂的過程中，也能不斷累積「這時候應該這麼做」的經驗。跟朋友一起玩的時候，就能發現「獨自一人時體驗不到的樂趣」，也能學會與別人相處的溝通能力。

男孩子就是像這樣，將透過玩樂獲得的經驗，不斷的累積在體內。

看到同年齡的女孩子認真讀書的樣子，家長可能會產生「我家孩子都在玩」的不安念頭。但升上國中之後，還滿腦子都想著玩的孩子，應該微乎其微吧！男孩子們可能會自己領悟，或是感受周遭同儕的壓力，甚至因為面臨了升學問題，而產生「不念書不行」的念頭。

這時候，男孩子就能將玩樂時所獲得的經驗，活用在念書上。

比方說，喜歡電車、擅長背誦站名的孩子，在背誦化學元素表時，就能將背站名的方法代入；喜歡跟朋友邊玩邊鬥嘴的孩子，在閱讀文章時，就很容易察覺到文中角色的內心變化；擅長七巧板等拼圖遊戲的孩子，看到數學課本裡的圖形時，就能立即上手。

最重要的是，**小時候盡情玩樂過的孩子們，其「成長空間」是非常大的。**

各位家長本身應該也有過這樣的經驗吧？從實際體驗中獲得的知識，遠比死記得來的知識，更加讓人印象深刻。最典型的例子就是，如果要學做菜，與其把食譜硬背下來，不如自己親手做做看。

從實際體驗中獲得的知識，是能應用在其他方面的知識。

家長們不需要擔心「我家孩子老是在玩，都不念書」。十四歲以後再開始念書吧！在那之前，就讓他們盡情玩樂吧，特別是男孩子！

2 盲目相信補習班的廣告只會毀了孩子

想請問大家小學時過著怎樣的生活呢？

現在的父母親世代，有不少人因為「從小開始就要幫家裡做生意」「要照顧弟妹」，所以沒什麼時間到處去玩吧！（如果您的童年是這樣度過的話，就表示您獲得了非常寶貴的經驗，我想您現在一定過著多采多姿的人生吧！）

不過，大部分的家長應該都過著「每天放學回家就在外面玩到天黑」「放學之後就跟朋友一起做喜歡的事」的生活吧！

但是，各位家裡的小朋友呢？他們也是一回家書包一扔，就跑出去玩了嗎？大家的答案應該都是「不」吧！大多數的孩子應該都是「一放下書包，就去補習了」。

從小學就開始補習的孩子不斷增加。一放學就在外面簡單吃，然後匆匆忙忙趕去安親班或補習班。回到家又匆促的吃完晚餐、洗玩澡，一晃眼就十一、二點了。有很多孩子，每天都過得如此辛苦的生活，不然就是窩在房間一動也不動的，拚命打電動消磨時間。

看著與自己過得截然不同的童年生活，不知道各位家長心裡做何感想？可能有很多家長覺得「要考上有名的私立國中，一定要補習」。但是，如同我之前說過的，要提升孩子的學力，重要的是跟朋友一起玩，把時間通通花在補習上的話，孩子們根本不可能有足夠的時間去玩耍。

一聽到「考試會毀了小孩」這句話時，大家腦中浮現的可能是「因落榜而意志消沉」的案例，也因此產生了「要讓孩子進好一點的補習班，順利考上理想學校」的錯誤觀念。

但「考試會毀了小孩」的原因並非如此。

最大的問題在於，**為了準備考試而失去玩樂時間的這些孩子，將會失去與人相處時最重要的溝通能力，也會因此找不到人生的樂趣。**

實際接觸過那些被考試毀掉的孩子之後，我才發現，抱著「只要進那間補習班，就一定考得上」這種「補習班至上」想法的家長非常多。廣告打很大，升學率超高的知名補習班，往往會讓家長產生「來這裡準沒錯」的錯覺。但是，我希望大家能仔細思考一下這個問題。

許多知名補習班都會在廣告裡強調「考上○○國中○名」，標榜自己的超高升學率。如果身為一位成天擔心自己孩子將來的家長，這句話就足以讓他們產生「來這裡補習的話，我家孩子應該也能考上理想學校」的想法。但說穿了，這些都只是宣傳用的廣告台詞。

請大家回想一下減肥食品的廣告。廣告裡都會有成功瘦身的人出來現身說法，也不能說那是假的，但真正成功的關鍵，是嚴格的飲食控制與運動，事實上，失敗的機率應該遠高於成功案例。

升學補習班也一樣。補習班裡的確會有幾名考上前幾志願的成功案例，但他們絕對不會公布實際的報考人數，在這些成功案例的背後，一定有著無數落榜的案例。

即使如此，許多家長心裡還是會抱著「為了不落榜，一定要認真補習」的想法。

就結果來說，這樣只會造成孩子過重的學業壓力與負擔。

遇到這樣的家長時，我都會浮現「升學考試產業下的犧牲者」這個詞彙。

請大家再重新思考一次。升學補習班是一個追求利益的企業，因此，就職種來說，是屬於服務業。

升學補習班最大的目的，並非提升貴子女的學力，他們的目的只有一個，就是提升做為企業最重要的業績。為了提升業績，最有效的方法就是大量招收學生，讓更多學生擠進知名私校的窄門。

3 孩子的教育不能只仰賴學校

「絕不考慮公立國中！」

說這句話的人有日益增加的趨勢。先不談性騷擾與暴力教師這些過度極端的例子，但還是有很多一點為人師表的樣子都沒有，穿著拖鞋（這根本就沒什麼）就來上課的老師，或只教教科書內容（連教科書內容都教不好的人也很多喔！）、連作業都只會影印書商提供的指導手冊內容發給學生，一點幹勁都沒有的老師。眾所矚目的「學力低下」問題，幾乎都發生在公立學校，大家也不得不承認老師不再是「神聖的職業」。

首先，希望大家能認清「公立學校老師是公務員」這個事實。我並不是要批評所謂的公務員，但公務員加薪時，不須針對能力或成績進行考核，因此，有很多公務員都抱持著「不要太雞婆」的想法。學校老師也一樣。

但我認為教育最重要的就是老師夠不夠「雞婆」。教育就是服務的代表，既然是服務，就必須花更多心思在不必要的事情上。比方說，班上有個孩子最近老是無精打采，老師一開始懷疑他遭到霸凌，但觀察他跟同學的互動，並沒有任何異常。

唯一能聯想到的，就只有該生在家裡或補習班出了什麼狀況。

但是，老師負責的是校內事務，插手管到校外的話，就是「雞婆」了。如果有心的話，老師還會「雞婆」的去找學生聊聊，跟家長聯手解決學生的煩惱，但在現實社會中，大家應該都心知肚明「這樣的老師並不多」！

教學方面，也需要老師的「雞婆」，比方說，為背不起九九乘法的孩子，設計一套簡單易懂的教材。但現實情況是，就算知道學生不懂，老師也不會特地去設計新教材，因為這麼做就是「雞婆」了，這樣的老師只會說「給我多練習幾遍」。

這就是公立學校老師身為公務員的無奈之處，就算遭到家長投訴，老師也只能回答「不能給這孩子特殊待遇」。這樣的案例時有所聞。家長乖乖繳稅，卻無法獲得相同的價值服務，更何況這關乎到我們社會的將來。

我希望大家都能抱持著「不要對學校有所期待」的想法。抱著「學校是照本宣科，告訴我們教科書內容、確保孩子白天安全的地方」這種想法會比較好；期望學校「會發覺我家孩子的特性，給予最適當指導」，根本就是天方夜譚。

不只是公立學校，連私立學校都一樣。最近有很多將乖乖聽老師的話，認真寫功課的孩子聚集起來，成立「特殊升學班」的學校。這些「特殊升學班」的孩子，每天的功課就是練習大量的升學考題，七個小時的學校課程外加補習，回到家之後，除了寫不完的功課之外，還必須預習跟複習，導致孩子的睡眠嚴重不足，許多孩子在無止盡的填鴨式教育摧殘下紛紛累倒，最後一半以上的學生都落榜了。

其他進不了「特殊升學班」的孩子，只要不去打擾那些優秀學生就行了。但也要讓這些學生成為自己的「客人」，私立學校才有辦法經營下去。

抱著這種想法的私立學校，正以驚人的速度不斷增加，因此，大家也不用期望學校「會發覺我家孩子的特性，給予適當指導」了。為什麼會有這種情況發生呢？因為「私立學校不只是學校，也是營利單位」，他們從家長支付的學費裡抽出所謂的經費後，剩下的通通放進自己的口袋裡。因此，學校高層想的，都是要怎麼做才能多撈一點油水。

因少子化現象導致學生人數不足而倒閉的私立學校，遠超乎我們想像，因此，為了盡可能招收更多學生，學校必須賭上自身存亡，推出各種方案，其中最有效的就是「提高升學率，讓家長覺得來念我們學校就能考上一流大學」這個方法。設立特殊升學班，教導成績優秀的孩子大量的應考技巧，這就是讓學校排名向上提升的祕訣。

因此，請各位家長一定要牢記「公立學校是公務員的天下，私立學校是營利單位」這句話，今後，並不是要將教育大權「交給」學校，而是要「利用」學校。

仔細觀察孩子的一舉一動，去傾聽孩子的煩惱，念書遇到瓶頸時，用最適合的方法引導孩子，如此一來，家長就會發現，孩子的教育不能只仰賴學校。

因此，「家長的力量」變得很重要。學校無法好好照顧孩子的話，就必須由家長來觀察孩子。有煩惱時用心傾聽，念書遇到瓶頸時，就和補習班或家教討論，摸索出最適合孩子的念書方式。過度相信學校，**「交給學校準沒問題」的神話早已崩壞。孩子進步的關鍵，掌握在家長的手上。**因此，「觀察孩子並仔細分辨出什麼是必要的，什麼是不必要的」這件事很重要。

4 喜歡的科目更要鼓勵他深入研究

在此，先問大家一個問題。

如果有人要求你「請舉出自己孩子的十個優點與十個缺點」時，你會比較快湊齊十個優點，還是十個缺點呢？

我想應該是「缺點、希望孩子改善的地方」吧！關係越緊密，就越容易在意對方的缺點，而忽略其優點，如果將對象改為自己的先生，其結果應該更顯而易見。但這並不表示妳是個只愛挑人毛病、充滿負面思考的人。

老是看到配偶或孩子的缺點，其實是一種「希望他們可以更好」的情感表現，也就是所謂的「愛之深責之切」。話雖如此，只看「缺點」，整天碎碎念說「你真的是……」的話，情況也不會有任何改變。

這是一個只要冷靜思考就能明白的道理。沒有人喜歡一天到晚被指責，也不會因為「那個人找出自己的缺點」就去感謝對方，因此，這時候你可以試著「對缺點視而不見，努力稱讚其優點」。

鼓勵孩子念書也是一樣的道理。孩子「雖然數學不好，但國語很好」，做父母的很容易就跟孩子說：「反正你國語不念也能考得很好，應該把時間拿來算數學。」或「國語成績這麼好，就更應該把數學念好！」

但這樣只會造成反效果。強迫孩子去念自己討厭的科目，只會讓他們覺得「念書＝痛苦」，並在不知不覺間開始討厭念書，一個不小心，搞不好連原本很喜歡的國語都丟到一邊。這樣只是害孩子變笨而已。

要提升孩子的能力，最好的讀書方法就是「**盡量讓他們去做擅長跟喜歡的科目**」。喜歡國語的話就讓他念國語，喜歡數學就讓他算數學，不擅長的科目就先放在一旁。

比方說，喜歡數學的孩子，看到九九乘法表時，可能會發現「九的乘法裡，將答案的個位數跟十位數加起來，都會等於九」，像這樣從原本喜愛的事物中找出「樂趣」。

有了這樣的發現，念書反而會變成一件很有趣的事，還能讓孩子更進一步產生「我擅長數學」的自信，而這樣的自信也會昇華為「我會念書」「只要肯努力的話，說不定其他科目也能念得很好」的想法。

就算是討厭的科目，有了「只要仔細觀察就能做到」的信心，孩子自然而然就會積極去挑戰。

比方說，背九九乘法表時發現特殊法則，讓背誦變得更簡單、快樂的孩子，在學國字的時候，也能很快就發現「表示感情的國字都是豎心旁。表示身體部位的國字都是肉字邊」的法則。

這樣透過擅長科目領悟出的特殊學習技巧，一定會讓孩子的實力突飛猛進。

國語明明都能考一百分，數學卻只能考五十分的孩子（或者正好相反）非常多。做家長的應該會很想跟小孩說「數學要加油啊！認真去算數學啊！」但是，只讓孩子念自己不擅長的科目，國語跟數學同時考一百分的可能性，比國語跟數學都變成六七十分的可能性來得低，嚴重一點的話，說不定會讓孩子開始討厭念書，成績一落千丈。

請大家想像自己「喜歡做菜，但是討厭打掃」。

這時候，如果有人跟你說：「不要做菜了，給我認真打掃！」的話，你會怎麼想呢？會不會覺得做家事變成很痛苦的一件事？又或者當你認真做出美味料理，讓家人吃得開心，被稱讚「媽媽做的菜好好吃喔」時，你會不會產生要努力完成其他家事，讓家人開心的想法呢？

念書也是一樣。**認真研究自己喜歡的科目，提高學習欲望之後，再藉此去學習其他科目，才是最有效的讀書方法。**

5 真正重要的是「語文能力」

請想像一下，有一個九九乘法一下子就背起來、擅長心算、國字小考總是滿分，希望「自己的小孩也能像他一樣」的小男孩。某天你碰巧看到那位小男孩寫的信件內容，卻完全看不懂他想表達的內容。

或是跟一個老將自己是一流大學畢業這件事掛在嘴邊的前輩聊到小說時，你發現這位前輩的心得根本就狗屁不通，甚至完全不了解作者的真正用意。

那一瞬間，你心中一定會浮現「真是的！還以為他很聰明，但也不過如此而已嘛」的感想吧。

無論你計算速度再快、會背書，甚至於一流大學畢業，只要無法將自己的想法化作流暢的文字，或是仔細吟味文章之後，讀出藏於字裡行間的深意，絕不會被認為這種人很「聰明」。

寫作．閱讀能力就是所謂的「語文能力」。因此，真正聰明的人也必須具備優秀的語文能力。

我不斷強調「十四歲之後再認真念書吧！那之前就讓他們盡情玩樂吧！」但我的意思並不是叫大家都不要念書，而是家長必須奠定孩子日後認真念書時的基礎能力。

那什麼是「念書的基礎能力」呢？就是計算、國字與語文能力，其中最重要的就是能正確解讀文章、理解文章的內容，並寫出確實傳達本身想法文章的語文能力。

請大家思考一下。孩子使用的教科書跟考試內容，都是用文字所寫，就算孩子計算的速度再快、背了很多化學元素，但如果沒有能力正確解讀、理解，就無法確認內容，考試時也無法解答。

只要一說到「語文能力」，可能會有家長立刻說：「我們家的孩子很會認字，背得也很快，一定沒問題。」就算知道的字再多，但無法判斷出在文章裡的正確用法，就不能說他具有語文能力。

男孩子的父母很容易會有「男生數理很好，文科很弱」的偏見。更嚴重的問題是，從學校國文考試到大學學測的考題裡，幾乎都是「選擇、填空問題」，因為幾乎沒有需要寫作的考題，所以只要成績達到某個標準，就會有學生覺得自己的「語文能力」沒問題。

這是非常嚴重的錯誤。就像我剛剛說過的，就算你知道很多字，有辦法在選擇、填空問題拿到高分，但是，沒有作文能力，就不能說自己具備所謂的語文能力。

但這麼重要的能力該怎麼培養呢？

雖然讀書也是個好方法，但比讀書更有效果的就是寫作。沒錯，就是作文。作文的好處不僅能提升文章的理解力，寫久了就能揣測出語末的含意，還能藉此增強選擇題的作答能力。

但是，大部分的孩子只有在學校寫過作文，還被強迫寫一些類似「運動會的回憶」等無聊題目，如此一來，讓孩子開始討厭作文、無法提升作文能力，也是很正常的。因此，做家長的絕對不能坐視不管。

如果想讓孩子習得真正的語文能力，就不能把責任全都推給學校，而是要讓孩子盡情發揮創意去寫作。比方說，遇到什麼有趣好玩的事情時，孩子應該會眼睛閃閃發亮的來跟家長報告。

此時，你可以試著跟孩子說：「這個聽起來好有趣喔！你應該很想再跟爸爸說一次吧！可是，爸爸今天很晚才會回家，你乾脆就先寫下來吧！」請他們將這件事寫在紙上。

叫孩子動筆之前，先仔細聽孩子說話，讓孩子想起相關細節，如此一來，孩子也比較好下筆。完成之後，就算讀起來不像我們所熟悉的作文，也要大大稱讚孩子一番。

這時候，絕對不能邊說「這裡應該要……」，邊幫忙修正，這樣只會抹殺孩子認真寫作的心意。就算真有地方怪怪的，也要睜一隻眼閉一隻眼，盡可能的讚美孩子。爸爸當然也要盡力配合，隔天早上要讚美孩子，跟孩子說：「我看了你昨天寫的作文喔。真的好有趣喔！下次再寫給爸爸看喔！」

藉此一定能讓孩子產生「寫文章很有趣」「想再寫給爸爸、媽媽看，讓他們開心」的念頭。不斷累積這樣的經驗會讓孩子知道怎麼用文章來表達自己的內心感受，並了解寫作的樂趣，這樣的孩子也會越來越聰明。

6 藉由「正確的朗讀」，增進語文能力

明明就很認真念書，成績卻老是不理想。看起來很認真，但學力卻沒有顯著進步。像這樣不懂讀書訣竅的孩子，其實還不少。雖然學力低下的問題早已由來以久，但我認為真正的原因並非孩子們不念書。

當然也有在學校不認真聽課，回家之後只知道玩電動，根本不會打開教科書的孩子。跟這樣的孩子談過之後，我發現他們的共同之處，就是「沒有語文能力」這件事。因此，我認為沒有閱讀、理解問題與寫出合宜文章的能力，說不定才是學力低下的真正原因。

要培養語文能力，最不可或缺的就是立即辨別文章如何構成的能力，這是在自己寫作時慢慢培養出來的能力。因此，就像我之前提到的，要提升孩子的語文能力，最有效的方法就是作文。

其實還有另一個提升語文能力的方法，那就是「朗讀」。

在此，我們先來想想為什麼朗讀能提高語文能力吧！

開口朗讀時，能非常有效率的將「文章是怎麼構成的」這件事記入腦中，這就是「朗讀能提高語文能力」的最大原因。

了解助詞或助動詞該用在什麼地方、該如何使用。這樣的基本常識，並不是硬背背來的，而是靠著反覆音讀，自然而然記起來的。

或許你會說「在學校很常念課文啊！」

但這是在國語課時，老師一個一個點名，請學生「從第〇頁的第〇行開始念」。可能也有人在小學低年級時，做過「朗讀作業」吧！其實這時候的「讀法」是有問題的，但到底有多少教師或家長有注意到這個問題呢？

被說要「念教科書」時，大部分的孩子心裡想的只有「念過去就好」，老師也只要求要念得流暢，朗讀作業也只將重點放在「念了幾次」，卻不著重於「念法」。

對男生來說，朗讀是一件很糗的事，他們會故意念得含糊不清，或是故意快速念過去。更何況不管是什麼東西，都能被男孩子當成遊戲來玩，一個不小心搞不好會出現那種想知道「自己到底能念多快」的孩子。這並不是朗讀的真正目的。

為了讓語文能力突飛猛進，我開發出了「一字一字朗讀法」。

這絕對不是問「讀了幾次」，因為增加語文能力的朗讀，其關鍵並非次數，也非是否念得流暢，更不是念得有多快。

那什麼才是能提升語文能力的「朗讀法」呢？

那就是「**大聲且慢慢的一個字、一個字念清楚**」的方法。此外，朗讀時如果能像練習話劇一樣，留意自己的嘴型就更完美了。

用這種方法朗讀的話，就能自然而然的記起助詞或助動詞的差別。

更好的方法是，**從經典名句開始，一個字、一個字念清楚。**

用這個方法，按照年代順序朗讀《唐詩三百首》、《論語》、《世說新語》等重要的經典作品；然後再進入《西遊記》等明清時期的文學作品。如此一來，大部分的孩子就能體驗且了解語言的演變過程了。

念完古文之後，再念現代的文章，不只是國語，所有教科書都能輕鬆閱讀。除此之外，也具備了重要的語文能力。

這朗讀法的效果非常顯著，成績不好的孩子也進步得顯而易見，可說是非常神奇的學習方法啊！

想說孩子這麼小，叫他們念古文還太早的話，從國語教科書開始也可以，但一定要謹記**「一個字、一個字分開來慢慢念」「念的時候要留意自己的嘴型」**這兩個重點。

學校可能會告訴孩子說，念的時候「感情要豐富」，但這個是所謂的「朗誦」。朗誦時，除了會要求將助詞助、動詞念清楚之外，還會要求一些刻意的發音方式。

這樣一來，除了無法理解文章結構之外，還會造成反效果。朗誦這種事交給演員或主播就可以了，大家別忘了，朗讀的目的在於提高語文能力。

容我再重複一次。要告訴孩子留意「發音」，慢慢的大聲念出來，理解文章構造的「一個字、一個字朗讀法」。為了增加孩子的語文能力，提高學習成績，請一定要試試看。

7 「媽媽」之間的情報不要全盤接收

送孩子去上幼兒園、接小孩回家或午餐時間，都會看到一群媽媽聚在一起聊天。看到在這些媽媽旁邊看起來很無聊，或是在店裡跑來跑去的孩子時，我有時候都會想說：「你們幹嘛不早點解散啊……。」但又想到這是成天忙於家事的媽媽靠聊天來放鬆一下的寶貴休息時間，就不跟她們計較了。

但是，這時候你通常都聊些什麼？

女人聊天的話題千變萬化，但媽媽們聊天的內容，多半以孩子為主，煩惱不知道該如何教小孩或是大吐苦水。如果能藉此讓自己鬆一口氣的話，也不失為一件好事，但當小孩升上小學之後，話題應該會慢慢轉變為跟教育有關的種種問題，最多的就是交換補習班之類的情報。

的確，當心中浮現了「差不多該讓孩子去補習了」「該讓孩子學點才藝了」的想法時，應該有很多家長都不太清楚自家附近有沒有好一點的補習班。這時候最好的辦法，就是跟有讓小孩去補習的媽媽打聽相關情報。

但事情真是如此嗎？比方說問「知不知道哪裡的補習班比較好」的時候，應該會收集到「那家補習班不錯」「那間有一位很棒的老師」「那間補習班教得很好」等等的情報。

就算沒有刻意要收集什麼情報，只是不小心說出「我家孩子老是靜不下來……」時，說不定就會有人建議你：「這樣的話，就去學〇〇吧。我家孩子學了之後乖很多喔！」

聽了這些話也不為所動，或是你認為自己不是那種要跟別人討論自己孩子教育的家長，我接下來要講的話，你可以跳過沒關係。請一定要堅持你現在的教育方針。

因為大部分的媽媽都會認為「跟其他媽媽聊天，是交換情報的重要機會」。一聽別人說「那裡不錯喔」時，就會立刻浮現「這樣的話，也讓我們家的去好了……」的想法。

但我可以很肯定的說，這想法「大錯特錯」。

重點是，你不覺得會拿出來跟別人分享的都是「成功案例」嗎？根本不會有人刻意提起「去了那家補習班之後，成績一落千丈」「不應該讓他學鋼琴的，根本就是浪費錢」的失敗案例。

會說的多半是「讓孩子學了〇〇之後沉穩很多」、「去了那間補習班之後，成績進步很多」等，都是「我家孩子因為做了〇〇所以變好了！」的說法。如果都只是些類似「不去你就虧大了」這類的說辭，我希望大家能先停下來冷靜想想。

因為，這些成功的案例都是別人家的孩子，不一定適用於每個孩子。但有很多人無法理解這一點，一聽到別人說，立刻就浮現：「這樣的話，也讓我們家的孩子去學吧！」的想法。說學鋼琴好就去學鋼琴，說學書法好就去學書法……，到處找補習班、才藝班，運氣好的話，說不定能找到適合自己孩子的補習班；運氣不好的話，說不定會出現「其他孩子明明就可以，我們家的真沒用」的負面想法。

明明是眾人稱讚的補習班，為什麼就只有你家小孩的效果不好呢？——其中到底出了什麼問題呢？

答案很簡單。只是因為「那家補習班不適合你家小孩」。每個人的個性都不同，對某些人來說，是一種享受，對其他人來說，可能是折磨。對小孩來說，也是一樣的道裡。

這家補習班適合其他孩子，不一定適合自己的小孩，這也是很正常的。

身為一位母親，面對再有魅力的成功案例，都要具備「不過，這不適合我家小孩」的判斷力。要培養這個能力，其關鍵不在情報量的多寡，而是**要仔細觀察孩子，了解「自己孩子的個性」。這樣的能力正是教育孩子的基礎。**

不只是媽媽情報，在這個充滿各式情報的時代裡，我希望每位媽媽都能不間斷觀察自己的孩子。

8 「查查看」可以刺激孩子的好奇心

小孩子是由好奇心所組成的，特別是男孩子，所以他們才會常常問「為什麼？」我想各位家長應該都有孩子在小時候散步時，丟出「為什麼路上有蓋子？」，看著天空說「為什麼白天的月亮是白色呢？」等各式各樣的問題，突然語塞不知道該如何回答的經驗。

隨著年齡的增長，小孩子問「為什麼？」的範圍也會不斷向外擴展。看古裝劇時會問「他們的髮型為什麼怪怪的？」看新聞時會問：「為什麼這個人在哭？」等，孩子的「為什麼」是沒有止境的。

偶爾也可能會出現「為什麼這個人要搖屁股？」這種看低俗節目時的疑問。這時候家長應該會尷尬到不知道該怎麼回答。但孩子的「為什麼」純粹只是好奇心的表現，發現萬有引力的牛頓小時候也曾問過「為什麼1＋1等於2？」這樣的問題。因此，我們要非常尊重孩子的「為什麼？」。

聽到孩子問「為什麼」，如果父母只會說「有時間問這種無聊的問題，還不如快去寫作業！」的話，是件讓人困擾的事。但除此之外，還有另一個不甚理想的回答方式。

那就是立刻告訴孩子答案的回答方式。這應該是雙親，特別是父親的學歷很高時常見的對應方式。

一部很久以前的美國連續劇，講述的就是這樣博學多聞的理想父親形象。

應該也會出現「做父母的幫孩子解決問題有錯嗎？」的反對聲音吧！

但是，不斷重複「浮現為什麼？」↓「問父母」↓「我知道了！」↓「爸爸好厲害喔！」此一流程的話，可能會讓孩子產生對父母親的崇拜之情，但卻讓他們失去了「好奇心」。

關鍵就在於問題一下子就獲得解答了。一下子就知道答案的問題，很難轉化為知識留在孩子腦中。

比方說，當孩子問：「美國在哪裡？」時，回答：「在海的另一邊。」其實是很簡單的，聽到這個答案時，小孩也會不多加思索立刻相信了。但這樣真的能讓孩子記得「美國在哪裡嗎？」

所以，這個時候，請你說：「家裡有地球儀，你可以去拿來看看喔。」接著，孩子拿出地球儀，繼續追問：「美國在哪裡？」此時，家長邊轉地球儀，邊說：「你看，這裡是美國。對了，這裡是臺北喔！」

孩子便能一口氣獲得「原來離這麼遠喔！」「原來我們跟美國之間隔著這麼大的一片海啊！」、「原來美國比我們大這麼多啊！」等各式各樣的知識。

父母並非萬能。孩子說不定會有「爸爸什麼都知道」的想法，但其實有很多爸爸，對自己專業以外的其他領域都一知半解。

但孩子總是會問一些父母都不知道答案的問題。這時候，可能有些父母會隨便回答或故意吹牛，但大部分的人應該都會老實說自己「不知道」。

對於抱著「不知道的時候，問爸媽就能得到答案」想法的孩子來說，聽到這答案時，只會以「喔，連爸爸都不知道啊」的想法作結，而不會想更進一步尋找答案。

這時候，不妨跟孩子說：「這個我也不知道耶。我們一起查查看吧。」

如果爸媽沒有時間的話，請告訴孩子：「我不知道耶！你去查查看吧。」

只叫他們去查，孩子可能會無動於衷，因此，教他們可以去找圖鑑、書或上網查，再告訴他們「我是這麼認為的啦，但不知道是不是對的？」藉此激發孩子的好奇心，也不失為一個好方法。

對孩子來說，靠自己解決問題，是一件很困難的任務，因此，必要時也需要助他們一臂之力。但歷經千辛萬苦後找到「正確答案」時，孩子心中的喜悅將會是無與倫比的。

念書最基本的樂趣就是「知道了原本不知道的事情」。能在日常生活中體驗到這種樂趣的孩子，念書時也較容易感受到這樣的喜悅，如此一來，也能讓孩子的學業成績突飛猛進。

培養出聰明孩子的重要關鍵，並非「無所不知的聰明父母」，而是創造出能激發

孩子的求知欲好奇心，自然而然地學會探索樂趣的環境。

「無所不知，深受孩子尊敬的父母」，對父母來說，是非常有魅力的理想形象，但從教育的角度來看，這單純只是父母的自我感覺良好。請大家一定要謹記，提升孩子的知識，刺激他們好奇心的，絕非「無所不知的父母」。

9 以父母學歷來選擇孩子的第一志願，容易造成悲劇

不用我多說，大家應該都知道，日本的大學存在一個以東京大學為頂點的排行榜。盡己所能考上前幾志願的學校，就能成為人生的贏家，這已經被認為是一種基本常識，而這也是長期腐蝕日本的「學歷至上主義」根源。

不過，現實社會中的學歷至上主義正面臨考驗。我們從新聞裡貪汙案件的主角，多半是東大出身的名校畢業生這點來看，就能略知一二。

但是，家有考生的父母現在依舊抱著「考上前幾志願＝人生贏家」的想法，尤其是父母本身也是高學歷，特別是前幾志願的名校畢業生的家庭。

但即使只有高中畢業的家長，也會因為本身在學歷至上社會裡吃了很多苦，而抱著「學歷低會被社會瞧不起」的強烈想法，並深信「高學歷＝幸福人生」這個概念。

如此一來，不得不讓人擔憂起長期以來支配著社會的「高學歷信仰」，這簡直可

以被稱為是一種「學歷教」的詭異宗教了。

恕我直言，對父母是學歷教忠實信徒的孩子來說，這簡直是一場悲劇。

父母擁有高學歷的孩子常會聽到「你是我的孩子，跟我念同一所大學。既然我考得上，你也沒理由辦不到！」孩子從小就被逼著去補習，如果在補習班的成績不好，不但會被責備，還會因「不夠用功」，再特地請家教到家裡來補習。為了準備競爭激烈的入學考試，別說玩樂了，就連睡眠時間都被剝奪。

就算是學歷不高的父母，也會跟小孩耳提面命的說：「不要像我這樣！」「不要變成你老爸那樣」並強迫孩子每天都要認真念書。

因為爸爸幼兒園開始就念私立名校「慶應」，小孩當然也要念慶應；因為爸爸只有高中畢業，所以希望孩子能念前幾志願的大學。但「被父母的學歷所束縛，藉此來決定孩子志願」的愚蠢程度來說，兩者不相上下，因為原本應該是主角的孩子，在此卻淪為配角。

從上述兩個例子中，大家應該已經發現「去上學的是孩子而非家長」這觀念，早已消失無影無蹤了吧！

不用我多說，大家應該都知道要考試的、要上學的，都是孩子，而非父母，但決定孩子志願時，卻不傾聽孩子的聲音、了解孩子的性格，只靠著「因為是父母的母校」「因為是父母想去念卻沒機會念的學校」，或者是「因為能得到父母沒有的高學歷」之類的理由，就擅自決定了孩子的志願。這是現實社會中很多父母會犯的錯誤。

被奪走寶貴的玩樂與睡眠時間的孩子們，真如父母所願考上理想的學校，但念了沒多久之後，孩子出現「這不是我想念的學校」的想法時，家長會有什麼反應呢？應該會跟孩子說：「不要耍任性了！給我去念就是了！念完就能拿到文憑了！」並硬逼孩子念到畢業吧！

孩子會躲在家裡不去上學的原因之一，就是「孩子的個性與校風不合」。孩子不去上學，開始對家人拳腳相向之後，才後悔「應該送孩子去念更適合他的學校」，都已經來不及了。

恕我再次重複，去上學的是孩子。為了讓他們能擁有更快樂充實的學校生活，選

擇志願時應該以「適合孩子」「讓他們做自己想做的事」為主要考量。

父母親是高學歷、名校畢業生，想讓孩子也以前幾志願為目標的例子其實很多，若父親是東大畢業生的話，這種傾向就更加強烈。「非東大不念」這種不把其他學校放在眼裡，從小就讓孩子去補習、請家教……，讓孩子過著整天念書的生活。到頭來，只會讓孩子失去了應該培養好奇心與感性的青少年時期，變成無法適應社會生活，整天窩在家裡的人或尼特族。

父母親世代以勝利為目標，努力奮戰的學歷社會，其結果究竟誕生了什麼產物呢？現在正是為人父母重新審視學歷社會的最好時機，不是嗎？

社會需要的並不是高學歷的人，而是能獲得多數信賴，為社會貢獻一份心力的人。此外，**富裕的人生並非擁有好成績，而是擁有許多興趣。**

「高學歷的人＝偉大的人」這個想法早已落伍，因此，對擁有美好未來的孩子們，為人父母的，難道真的只能要求他們以「高學歷」為目標？

請各位家長務必重新思考這個道理。

10 外出時經常戴著耳機的孩子不擅長學習

坐電車時，請看看你的四周，特別是年輕男性的頭！不知道大家有沒有發現，這些男孩子幾乎都戴著耳機。

從前，造訪日本的歐美人士坐電車時，都一定會驚訝的說：「日本從小孩到大人都在電車裡看漫畫！」

但最近在電車裡聽音樂或玩手機的人，遠多於看漫畫的人。對這景象感到莫名羞恥的人只有我嗎？

男孩子「出門時一定要戴耳機」的傾向，比女孩子嚴重很多。他們把隨身聽視為跟鑰匙、錢包一樣重要的外出必備品，因此會戴上耳機也被視為理所當然。

不管是在電車裡或大街上，對他們來說，走路時有音樂的陪伴是極為自然的行為。

雖然這是我當家教時教過很多學生之後得來的經驗，但出門一定要戴耳機的孩

子，不管我多認真教，他們的成績也不見起色。

應該有不少邊聽音樂邊念書的孩子吧！問了經常戴著耳機的孩子之後，多半的回答都是「為了隔絕周遭的聲音，提高集中力」。乍聽之下很有道理，因此做母親的很容易出現「既然這樣就隨便他們吧」的想法。但孩子說的是真的嗎？

想像你現在正簽一份不動產貸款契約吧！有人跟你說了「請仔細閱讀後簽名蓋章」之後，把一份寫滿密密麻麻文字的契約書交給你，正當你讀著滿是艱澀文字的契約書同時，耳邊卻響起了音樂。這時候，你會做何感想？就算是喜歡的音樂，這時候也只會覺得「吵」吧？在需要集中精神時，音樂應該只會變成阻礙。

大家應該都有過就算周遭再吵雜，只要集中精神，不知不覺間就會聽不到周遭聲音的經驗吧！念書時需要的，就是這樣的力量。

我過去認識一個成績優秀，很會念書，但模擬考時卻無法取得高分的孩子。問他原因之後，才知道是因為「考試時很在意周遭寫字時鉛筆發出的聲音，根本沒辦法集中精神」。這句話讓我聯想到另一個孩子。

那孩子說著：「考試時我會用金屬製，比較重的自動鉛筆，還會故意寫得很用力，藉此來增加其他人的壓力。」這句話的得意神情，

對照我眼前這位意志消沉的孩子，讓我不知道該說什麼才好。

雖然有點偏離主題，但我想說的是，**想贏得考試這場戰役，不可或缺的就是「一旦投入，就聽不到周遭聲音」的集中力**。但是，用「因為會在意周遭的聲音，就用音樂蓋過去」這個理由，養成邊念書邊聽音樂習慣的孩子，是無法培養這種集中力的。**如果你的孩子也有這種壞習慣，請立刻幫他們戒掉，並打造出能讓他們專心念書的安靜環境**。

在「可以聽到從隔壁房間傳來家人邊看電視、邊開心聊天的聲音」這個環境下，孩子應該沒辦法專心念書吧。但我也不會因此要求家裡也要「像圖書館一樣安靜」，洗碗或走路發出的聲音是無所謂的，不然的話，可能會出現像剛剛那個例子裡，「只要有一點聲音，就無法集中精神」的孩子。

或許會有人發出「我知道念書的時候不能聽音樂，但為什麼連出門的時候都不能

聽音樂呢？」的質疑聲音。

那接下來我們討論一下「外出時的音樂」吧！

出了家門後，各式各樣的刺激會進入我們眼中或耳裡。上街時會聽到不同店家播放的各式背景音樂，坐電車時可能會看到不想遇見的醉漢，不想聽到或看到這些的時候，最簡單的方法就是戴上耳機。

也就是說，原本只能忍耐的事情，有了隨身聽之後，就能獲得救贖。我不認為只會找最輕鬆的方法逃避的孩子，能養成出社會後所需的忍耐力。此外，**阻隔了外界刺激的同時，也失去了「找到出乎意料的美麗事物」的觀察力**。這樣解說的話，大家應該明白我所謂的「沒事就戴上耳機的孩子，不擅長學習」這句話的意思了吧！

但我還想補充一點就是，凡事都有例外，也是有那種就算邊聽音樂邊念書，也能發揮驚人集中力，考試考得不錯的孩子。如果你家孩子也是這類型的話，大聲怒斥「不可以邊聽音樂邊念書」，並奪去他們的耳機，這樣反而會造成反效果。

11 上補習班不如請家教

不但否定升學補習班，也不把學校當一回事。

聽我這麼一說，應該會出現「那到底要怎麼準備升學考試啊」的聲音吧。我堅決反對填鴨式教育，但是，幫助過無數學生準備升學考試的我，並非要否定升學考試，也不是要說「就用真正實力去應考」這種不負責任的話。

既然要考的話，就一定要考上。為了準備考試，以考上第一志願為目標，努力念書是必要的。我剛剛也說過，如果你家小孩能跟得上激烈的填鴨式教育，又不會因此而感到巨大壓力，讓他們去就讀知名補習班，其實是不錯的選擇。但如果孩子不是這種個性的話……我建議幫孩子找適合的家教。

家教的存在，絕非只是緊盯孩子讀書的進度，我希望他們扮演的是「傾聽孩子煩惱的大哥哥、大姐姐」角色。

在這個少子化的時代，大家都很難找到「有心事就能立刻訴說煩惱」的對象。特別是愛逞強的男孩子，會刻意在朋友面前裝作「我才不會因為那種小事煩惱呢！」的樣子，所以無法跟朋友訴說內心的煩惱。

平常還有辦法這麼做，但開始準備考試之後，學校的朋友關係、因考試產生的不安、催促自己「快去念書」的父母……，就會出現像這樣浮現許多煩惱的時候。

此時，能幫孩子解決煩惱的就是家教。只要在聊天時訴說自己的煩惱，即使只得到一點建議，對孩子來說，都就是一種很好的發洩管道。

說到家教，各位應該會想到「家庭教師派遣公司」吧！看了派遣公司的「我們以最嚴格的標準，來篩選家庭教師」的電視廣告後，內心浮現「這家公司一定能幫我推薦理想人選」想法的人應該不少吧！但我完全不建議用這樣的方式來找家教。

因為你付給這家公司的學費，家教拿到的錢可能連一半都沒有，剩下的錢跑到哪去了呢？其實通通都被派遣公司拿走了。

比方說，你跟派遣公司簽的是一小時七千元的合約，家教能拿到的時薪，絕對少於兩千元。明明一小時都投資七千元了，但對當家教的大學生來說，只是一份時薪兩千左右的打工，因此，厲害的大學生一天兼兩個家教也沒什麼好大驚小怪的。

如果是這樣的家教，就算孩子「再一下下就能理解這問題的解法」，但補習時間一到，家教就會毫不留情的結束課程。因為不這麼做的話，就會耽擱到下一個家教行程。

如果不是透過派遣公司，直接找優秀的大學生來當家教的話，又是怎樣的結果呢？**他們應該會充滿幹勁，並設身處地為你的孩子著想，就算時間有點超過也不會在意。孩子有什麼煩惱的話，他們也會積極想辦法去解決吧！**

12 如何尋找適合自己孩子的家教？

我剛剛提到了家教的好處。不過，要找到適合自己孩子的家教好難……，或許有人會這麼認為。但這其實是非常簡單的一件事。

不靠派遣公司，要怎麼找到優秀的家教呢？

手頭寬裕的話，可以聘請有實績的專業家教，但若要聘請這類的家教，就要不惜成本，不然的話，就以較低的預算，聘請優秀的大學生吧！比直接付給派遣公司便宜，對大學生來說，也比其他打工好賺。會讓他們幹勁十足的金額，大約是「時薪三千日幣」。

那要怎麼去找呢？「大學生的事，就去問大學」。換句話說，最好的方法就是去大學詢問，**請學校幫忙張貼「尋找家教」的公告，看到公告的學生，就會打電話跟你聯絡，你也可以從電話的應對中了解對方。**

不知所云、說話不得要領、對長輩說話的態度等……，有時就算是一流大學的大學生，也沒有成為家教的資格。

找到了電話中應對得宜的學生，接下來就是面談。說到面談，大家可能認為是要邀請他們到家裡來，但這是錯誤的觀念。與其直接邀請到家裡，不如約在大飯店的咖啡廳。我推薦的不是住家附近的大眾餐廳，而是飯店的咖啡廳，因為「**家教面談約在飯店咖啡廳**」這件事，會讓大學生開始覺得緊張。

如果對方很想接下這份工作，可能會將他到目前為止擔任家教的實績等相關資料準備好，這是非常幸運的例子。在此，我們可以觀察大學生在如此正式場合時的服裝儀容。不一定要穿西裝套裝或昂貴的衣服，但請觀察對方的服裝是否乾淨得體。

實際見面聊天時，也要留意對方是否直視著你說話；同時，也請將「對方給自己的感覺」當成一大重點。

因為常會出現「個性積極，成績也不錯，但總覺得哪裡怪怪的……」的情況，這時候跟著自己的感覺走一定沒錯。

面談結束後，需要給對方五千元日幣左右的「交通費」。對學生來說，「打工面試能拿到五千元」，應該是非常難得的經驗。給他們交通費，除了能讓來面談的大學生，再度了解這位家長是很認真要找家教這件事之外，更重要的是要讓學生產生「這是一份很棒的打工，一定要有個好結果，才能給家長一個交代！」的積極態度。這麼貼心的家長非常少見，請大家一定要照我說的方法試試看。

到此，家長心中應該已經決定了理想人選，不過，請再多設定一個步驟，那就是**讓家教跟孩子見個面**。

時間允許的話，也可以找父親和大家一起到餐廳吃個飯，雖然不需要到什麼高級的餐廳，但最好是比大眾餐廳高級一點的地方。此外，因為已經請對方吃飯了，就不需要再另外支付交通費了。

首先，最重要的當然就是檢查服裝儀容；接下來，就是仔細觀察對方跟孩子合不合得來。比方說，對方跟孩子的相處方式、能否順利引導孩子說話，以及孩子對對方的態度。

同時也務必觀察對方的「吃相」。從一個人的吃相，就能了解他的性格。懂得餐桌禮儀、胃口很好、能邊吃飯邊談笑風生……，這樣的大學生，就能給他及格分數了。

回到家之後，再問問孩子的意見。父母覺得滿意，但孩子如果有「我不喜歡那個人」的想法，家教跟孩子的距離就不可能縮短。

有人可能會說「選家教又不是在交朋友」，但這絕對是挑選家教時的一大重點。

如果孩子一直挑對方的毛病，其中可能有什麼問題，但孩子也說不上哪裡怪的話，還是另請高明比較好。

看到學校公告來應徵，並且經歷兩個階段的面談，學生應該也有一定程度的覺悟。**心中是否抱持「我一定不能辜負家長苦心」的心情，將影響到他日後的指導方式。**

家長對家教的要求，就是希望他們能將自己的孩子當成親生骨肉，教他們念書，因此，**打造出超越雇用關係的全新關係，是非常重要的。**乍看可能是很困難的一件事，但如果是歷經前述種種階段所挑選出來的家教，跟家長之間早已建立起一份濃厚的情感。

家教正式上課之後，結束之後也可以問他們：「要不要吃飯啊？」「要不要喝茶啊？」這對來自鄉下的大學生來說，是非常開心的一件事。請大家一定要切記，一起吃飯、聊聊對方的興趣或家庭環境，藉此建立深厚的情感，對方一定會更「用心指導」的。

13 家長的會話能力有助提升孩子的語文能力

我之前就再三提到，不管文科或理科，從學校的課程、考試、補習班用的教材，到最重要的入學考，除了一小部分的學校之外，所有的問題都是用「文字」書寫，也必須用文字作答，當然還包括作文。不管你背了多少艱澀的國字或公式，但卻無法正確理解教科書或考卷裡所寫的內容，就無法寫出正確解答。

沒有語文能力的話，就無法學習所有科目。現在大學需要的是能用文章來表達自己意見的學生，這點可以從重視作文成績的大學逐年增加的傾向得知。

所謂的語文能力，就是再長的文章都能正確解讀，且將自己的意見化為文字，傳達給其他人。沒錯，這就是從古至今，不斷被強調的「讀寫」能力。

但我認為現代人似乎誤會了「讀寫」的真正意義，似乎認為讀寫只是知道，而且會寫一些艱澀的單字而已。

但事實並非如此。閱讀他人寫的文章，將自己的想法化作文字，才是所謂的「讀寫」能力。拓展人脈時必備的溝通能力，其基礎正是「讀寫」能力。

背再多艱澀國字或成語，但不具備真正語文能力的人，其實是不擅於溝通的，因為他們空有一堆派不上用場的知識，就自以為了不起。不具備重要的「傾聽、理解對方說的話之後，適切表達自己的意見」這能力的高學歷份子，很快就會被社會淘汰。

那該怎麼培養語文能力呢？

我剛剛有提到寫作文具有顯著效果。主題無須限定，內心有所感觸時，就將其化為文字，如此一來，便能有效幫助提升語文能力。除此之外，另一個重要條件，就是「**家長的力量**」。

我認為「語文能力並非在學校養成的」，因為學校使用的教科書或教材，是無法激發孩子好奇心的無聊內容，老師也只會利用自己的權威，叫孩子「一直寫到把國字背起來為止」。就這點看來，學校老師是無法指導能尊重孩子感受與創意的作文課程，就算孩子寫了，老師會不會認同也是個問題。

因此，我的主張是「**只有在家裡才能提升孩子的語文能力**」，但我的意思不是要在家裡跟文學理論搏鬥，也不是要家長每天都叫小孩寫作文。我的看法其實很簡單。

首先，「邊吃飯邊看電視的家庭，孩子的語文能力是不會有所提升的」，就算有想看的節目，但吃飯時請把電視關掉，要提升孩子的語文能力就從這裡開始。關掉電視之後，**一家人可以一邊吃飯，一邊聊聊那天發生的事。**

有很多男孩子本來話就少，再加上嚴肅的父親，或有著男尊女卑觀念的祖父，就會出現過度美化「男生無需多話」這特徵的傾向。但這些都無助於提升孩子的語文能力。

「今天玩了什麼啊？」「跟誰玩啊？」……什麼內容都可以，請盡量丟話題給孩子。表達能力尚未成熟的孩子，可能只會回答一句「在公園玩」「跟〇〇玩」，但絕對不能就此畫下句點。「你們在公園玩什麼啊？」、「那公園有很多人帶狗狗去散步對吧！」等，盡量想辦法讓孩子開口說話。

如此一來，孩子應該就能說出：「我跟〇〇在公園玩捉迷藏的時候，有一隻在散步的狗對我們叫，我嚇到差點跌到水溝裡，好險〇〇抓住我的袖子，所以才沒跌倒。

可是，狗主人居然連聲對不起都沒說就走掉，我快氣死了！」這樣的對話。

這時候，你可以接著問：「什麼？然後呢？」或是「媽媽之前也差點掉進那個水溝裡喔」之類的。豐富的對話內容，會讓親子間的聊天變得越來越有趣。

如果家人對自己說話的內容非常有興趣，孩子也會產生「想再多說一點」「要怎樣才能把話說得更有趣呢？」的想法。如此一來，就能有效提升孩子的表達能力。

在父母只會命令孩子「去念書」「快去睡覺」「快打掃」，一家人聚在一起時，只會盯著電視的環境下長大的話，孩子不管多努力，語文能力都不可能會有任何進步。做父母的應該要有所警覺。

第2章

關於男孩的修養

14 跟男孩子要說清楚、講道理，讓他理解後接受

事出必有因，也會有結果。比方說，孩子的成績會退步，一定是因為不念書、上課不專心、有心事沒辦法專心念書等等。

想做出一道好吃的菜，就要依「糖→鹽→醋→醬油→味噌」的順序放入，這是因為「糖的顆粒比鹽大，先放鹽的話，顆粒較小的鹽粒會塞滿食物的縫隙，讓甜味無法融入食物當中。所以，鹽要比糖晚放」。

但是，女性多半都是靠「直覺」。就調味料的例子來說，「雖然不知道為什麼，但鹽就是要比糖晚放」的女性其實還不少；此外，就算不知道為什麼，「先放鹽的話，就吃不到糖的味道，所以才有那種順序吧？」像這樣依本身的經驗，學會放調味料順序的人也很多。俗話說「男性靠理性，女性靠直覺」，放調味料的順序，就是最好的例子。

小孩子也是一樣，隨時都在想「為什麼」的是男孩子。正在做菜的媽媽，告誡孩子「絕對不能碰」時，聽到這句話就知道：「啊，不能碰！」的是女孩子，男孩子則會先想說「為什麼？」

對了，大家應該有做過泡芙吧？烤的時候，麵團能順利膨脹就算成功，但烤到一半就恍神打開烤箱，正要膨起的麵糰就會迅速凹陷。

媽媽認真盯著烤箱時，憑直覺就知道「不要靠近比較好」的是女孩子，男孩子往往都會受不了香味的誘惑打開烤箱。

這個時候，你是不是會立刻大聲怒斥：「你在幹嘛！為什麼就不能乖乖在旁邊等呢？」

女孩子要是被罵的話，就會將「自己做錯」這件事牢記心中；男孩子則不然，他們只會想說：「為什麼媽媽會生氣？」「我做錯什麼了嗎？」。

這種情況不斷發生的話，到頭來只會讓男孩子緊閉心門。

念書也是一樣。

被說「快去念書」時，會乖乖打開教科書的是女孩子；但是，男孩子會想說：「我明明就還有想看的電視節目，為什麼一定要催我念書？」這時候，就算媽媽歇斯底里的大喊：「我不是叫你不要老看電視，快點去念書嗎？」也不會有任何效果。

男孩子是不會像女孩子一樣產生「媽媽生氣就糟了，在媽媽叫我做什麼之前，就先去做吧」的想法。

大家只要抱著不管自己有多麼激動，男孩子只會淡淡的想說「媽媽好像在生氣」這個想法，就不會浪費太多力氣在發怒這件事上。

話雖如此，告訴孩子什麼不能做，注意他們是不是在偷懶，都是父母親的責任。抱持著「因為生氣也沒用」「反正講了也不聽」這類的想法，被說不負責任，也是理所當然的。

那該怎麼讓男孩子了解自己的苦心呢？

首先，希望大家了解「反正講了也不聽」這個想法是大錯特錯的。並不是「反正講了也不聽」，只是因為「你表達的方式，孩子聽不懂」。

對媽媽來說，女孩子跟自己同性別，自然而然會知道「怎麼罵她們最有用」，但卻有很多媽媽不知道該怎麼罵男孩子。

罵男孩子時的重點就是「要聽起來有道理」。

男孩子是一種不跟他們講道理，他們是不會明白的生物。換句話說，如果男孩子不懂「為什麼會這樣？」「為什麼會變這樣？」的話，他們就會一直耿耿於懷。

被媽媽罵的時候也是一樣，不明白「為什麼媽媽會生氣」的話，他們就不會知道「不可以這樣做」。請牢記，男孩子是沒辦法跟女孩子一樣，聯想到「媽媽生氣＝不可以這樣做」。

我就用剛剛那個泡芙的例子依序說明吧！

「我知道因為很香，所以你想打開來看看，但泡芙不一口氣烤好的話，是無法順利膨脹，反而會變得扁扁的喔！你看，現在不是變得扁扁的嗎？所以，烤箱還沒『叮』一聲之前，不可以把烤箱門打開喔！」

接著，如果能再以科學的角度，為孩子說明「為什麼泡芙會膨起來」的話，就非常完美了。只要這樣教過一次，你就能成為了解男孩子內心的媽媽。

從小開始，就不斷用道理讓他們去了解事情原委的男孩子，自然而然就能養成理性思考的習慣，也能提高他們的學習能力。

也就是說，**歇斯底里地去指責男孩子這個行為，只會讓自己孩子變笨。**

教男孩子時，請盡量跟他們講道理。談話內容也必須有充分的說服力。就算他們無法正確理解，但只要讓他們知道「凡事都有道理」這件事就夠了。

請大家一定要切記，不斷跟孩子講道理，會成為他們日後理性或科學性思考的基礎，也會成為提升其數理能力的原動力。

15 對男孩子來說，「冷淡」比「斥責」有效

要寫的功課、要遵守的承諾、要做的事……，這些事如果孩子都能自動自發完成，做父母的該有多輕鬆啊！有著如此感慨的家長，應該不在少數吧。

之前我已經提過很多次，有很多女孩子都能乖乖完成這些事。就算並非那種「不做媽媽會生氣」，或是「不做之後會很麻煩」的情況下，女孩子的直覺都會告訴她們「不好好完成的話，後果不堪設想」「不好好完成，會覺得很不舒服」，讓她們「做自己該做的事」。這可以說是女孩子的特性。

但男孩子幾乎沒有「不做不安心」的想法。除此之外，能毫不猶豫的做出父母跟女孩子都會覺得「不知道為什麼他要這麼做」之類事情的，也只有男孩子。

請大家回想一下自己孩子小時候，是不是做了一些如「突然從高處跳下來」「把抓來的一大堆蟲丟進裝水的桶子裡」「硬把螺絲起子塞進光碟機裡」之類，讓你忍不

住想大聲尖叫「你為什麼要這麼做」的行為呢？雖然本人總是有自己的一套說辭，但其他人卻很難理解他的言行舉止。這就是男孩子的特色。

身為一名女性，非常了解「什麼事該做，什麼事不該做」的媽媽，在養育「不做該做的事，老做不該做的事」的男孩子時，會產生許多壓力。

大家應該都經歷無數次了吧！養育孩子的過程中，充滿了無數的「快點！」跟「為什麼要這麼做？」

我在前面有提到，要養育這樣的男孩子，「道理」跟「說服力」是絕對不可或缺的，但這樣又會產生「媽媽說的道理行不通、說服力不足」的問題。

如果你習慣在責備孩子前說：「真是的，我都說過幾次了……」的話，就表示孩子沒把父母說的話當成一回事。

就孩子的立場來說，他們腦中只會浮現「媽媽好像在說我什麼，但我怎麼都聽不懂啊」的想法。

如果這樣下去的話，情況只會越來越糟糕，到最後可能會教育出「老是說一些莫名其妙的話，我不想聽！」的孩子。

我剛才也有提到：「罵孩子的時候，不能太過於歇斯底里，要講道理。」講道理也沒用的話，就不需要再繼續滔滔不絕的講什麼大道理了，因為對孩子來說，只會覺得更加「莫名其妙」而已。

這時候，就請狠下心「無視」他們吧！

孩子不做該做的事時，如果你總說：「真是的，不是叫你快點去做嗎？」的話，就請乖乖閉上嘴巴。但光這樣做的話，可能會讓孩子認為「啊，這是不用做也可以的意思囉！媽媽放棄了。好耶！」因此，訣竅在於讓孩子覺得「媽媽好像對自己很冷淡」。

比方說，要對付那些平常老是提醒他說「吃飯前要先寫完功課」，卻只顧著看電視，把這些話當耳邊風的孩子，首先，和平常一樣跟孩子說：「不是說好要先寫功課的嗎？」

如果孩子不聽的話，就用他聽得到的音量，深深嘆一口氣，接下來就什麼都不說，繼續準備家人們的晚餐。吃晚餐的時候，對孩子說的話也盡量不為所動。不管孩子說什麼，只需要淡淡的回答「喔！」就可以了。吃飽飯，迅速把餐桌收拾好之後，就開始做自己的事。

對孩子來說，「被無視」是一件很痛苦的事，因此，訣竅就在於「冷淡的反應」。並非孩子說什麼，你都無動於衷，而是要以冷淡的語氣，用「是喔！」「我很忙，等一下再說。」這些話來回應孩子之後，就埋頭做自己的事。異性間的無視，比同性間的無視還要痛苦。

如此一來，孩子也會出現「咦？媽媽對我好冷淡喔！」的想法。這想法也會從「媽媽好像在生氣」「我做錯什麼惹媽媽生氣了嗎？」延伸到「糟糕，我功課還沒寫」。像這樣讓孩子自動自發去做該做的事，才是最重要的。

講都講不聽，或是要人講才會去做的時候，以成熟女性「故意裝冷淡」的方法來對付孩子，也是很有效的。

要讓孩子聽話，光罵是沒有效果的，採用「講道理」或「無視」等各式各樣的方法，也是非常有效果的。更重要的是，千萬不要小看孩子，要把他們當成男人，以冷靜的態度來應對。

16 不要完全相信孩子說的話

有人說「父母應該百分百信任自己的孩子」。做父母的的確要永遠站在孩子這一邊，但我想身為父母，應該也知道人是會說謊的生物。每個人都會有當情況對自己不利時，為了扭轉頹勢而說謊的經驗吧。這世界上根本就沒幾個「做人光明正大，從沒做過壞事」的正人君子。

小孩子也是一樣。再單純的孩子，一個不小心行為就會有所偏差，特別是男孩子的好奇心又比女孩子強，在好奇心的驅使之下，一不小心就會做錯事，也因此經常會造成無法彌補的錯誤。

另外，男孩子也很少會跟女孩子一樣有「做了會很糟糕」的直覺，因此，要去不停壓抑自己「試一下又不會怎樣」的衝動，於是男孩子「闖禍」的機率，就比女孩子高很多。

孩子闖禍之後，誠實對父母坦白一切的話，並不會造成任何問題。

但是，孩子並不會每次都誠實以告並乖乖道歉，就算父母跟孩子說「跟我說實話沒關係」，但一看到父母認真嚴肅的表情，孩子的腦中就會出現「我好像真的做錯了」「如果被爸媽知道的話，他們一定會很生氣」的想法。如此一來，孩子會撒謊說「我什麼都沒做」，也是逼不得已的。

那麼這時候父母該怎麼處理呢？也就是說，「孩子很可能做錯事了，但他卻否認」時，父母該用怎樣的態度去處理這個問題呢？

若依照我一開始提到的「父母應該百分百信任自己的孩子」這句話來看，「不承認的話，就應該要相信孩子」。但是，這樣真的好嗎？應該也有些父母充滿「只要看著孩子的眼睛，我就能知道他有沒有說謊」的自信，如果所言非假，是非常了不起的一件事。

但現實情況卻有點不太一樣。因為有這種想法的父母，對小孩其實非常嚴格，這些說謊或做錯事被發現而遭受嚴厲處罰的孩子，下次會怎麼做呢？最有可能的方式，就是提升自己欺騙父母、不讓他們發現自己做錯事、或不斷圓謊的技術。

為了不讓自己的孩子變成那種會用非常真摯的眼神看著對方，但卻不斷製造謊言的人，父母的「不管有什麼苦衷，都不能說謊」，這種過於堅毅的態度，偶爾也會失效。希望為人父母都要謹記這個教訓。

如果換成是我，我會怎麼做呢？這個問題有點棘手。若孩子明顯做錯事卻否認時，我認為「不應該一味相信孩子說的話」。

「對孩子百分百信任」這句話中，隱藏了讓孩子產生「隨便說說或敷衍了事都無所謂」的危險心態。這樣的孩子長大之後，只會變得非常任性，並給周遭的人不斷製造麻煩。

假設現在的情況是父母完全不記得孩子手上的糖果是什麼時候買給他的，問孩子：「你怎麼會有這個？」孩子回說：「是○○的媽媽給我的。」這時會有三種可能性。一是如孩子說的，真的是朋友的媽媽送的；但也有可能是孩子瞞著父母買的；也不能完全排除「糖果是偷來的」這種最糟糕的情況。

這時候如果只想著「我要相信孩子」，或只回答「是喔」的話，我不得不說你這樣就等於放棄了教養孩子這件事。但直接對孩子說：「你是騙人的吧！跟我說實話！」也是非常糟糕的應對方式，這麼做只會讓孩子的行為產生偏差。

那這時候到底該怎麼辦才好呢？

首先是「確認」。如果是這種情況的話，你可以說「是喔，那得打電話跟〇〇的媽媽說謝謝。」又或者是應該每天都會有回家作業，但孩子今天卻說沒有時，你可以說「可是，老師說他每天都會出作業啊。沒出一定是有什麼原因，你不知道的話，那我可以去問〇〇嗎？」

如此一來，**發生無法判斷其真偽的事情時，父母秉持「還沒確認以前，我就不相信」的態度，孩子就會知道「不能隨便欺騙父母」**。

這樣的孩子長大後，也不會出現「只要自己好，做壞事也沒差」的想法。壞事總有被拆穿的一天。為了不製造出破壞社會秩序的敗類，父母要將「不應該百分百相信孩子說的話」這句話銘記在心。然而，不只是孩子，任何人說的話都不應該百分百相信。

17 讓孩子幫忙做家事，能提高他們的學習效率

你有讓孩子幫忙做家事嗎？如果現在還有抱持「不能讓男孩子幫忙做家事」想法的人，我只能說你落伍了。男尊女卑的時代早就過去了，現在可是男生也必須具備家事能力的時代。

「並不是因為是男孩，就不讓他們做家事，只是因為他們會越幫越忙。都已經這麼忙了，他們在只會讓我覺得火大，到頭來就自己做了。」

有這樣想法的媽媽也不少吧。越能在短時間內把家事迅速處理完的優秀主婦，越容易產生這樣的想法。

但我剛剛也說過，現在已經不是「君子遠庖廚」的時代了。你應該也曾嚮往過「很會幫忙做家事的老公」吧？不知道大家知不知道，最近「偶爾幫忙做家事的男性」已經不夠看了，「能一手包辦所有家事的男人」，才是女孩子心目中的理想老

公。對許多年輕女孩來說，家務已經成為一種「重擔」。

現代人越來越晚婚，連道拿手菜都沒有的話，是不會受女孩子青睞，更遑論結婚了。對今後的男性來說，為了不讓自己孤老一生，家事能力是不可或缺的能力。關於這點，父母親必須要先有清楚的認識。

那家事的訓練要從何時開始呢？

可能有人會想說：「自己搬出去住，逼不得已的時候就會做了。」但這時候早就來不及了。正確答案應該是「還沒開始正式念書之前」。

話雖如此，但一開始就叫他們幫忙做菜或打掃，是不太可能的。首先，就以「把自己身邊的事物打理好」為目標吧！

比方說，孩子還小的話，就要求他們自己把每天換的衣服摺好，出去的時候要自己穿外套跟鞋子。像這樣的事，盡可能讓他們從小就自己動手。**能把自己打理好的孩子，不知不覺中也會養成「靠自己把事情做好的習慣」**，開始念書之後，這能力將會發揮極大的作用。

比方說，預習、複習或準備考試的時候，能自己決定「今天要做到這裡」「幾點之前要把決定好的範圍做完」，並努力完成，都是從小養成習慣「自己的事情要自己完成」的孩子。沒有這能力的話，只會讓爸媽不斷斥責孩子「快去做功課」「快去唸書」。

能把自己打理好之後，就能請孩子幫忙做家事。一開始先從擺碗筷、端菜、把剩菜端回廚房等簡單的家事開始，等孩子大一點之後，可以請他們幫忙洗碗等，配合孩子的年齡與能力，提高他們家事的困難度。

平常有在做家事的人應該都知道，這絕對不是一件輕鬆的差事；對有空就只想看電視的孩子來說，要他們吃飽飯後幫忙收拾，他們只會覺得很痛苦。

但是，無論有多討厭，家事都不能不做。藉著請孩子幫忙做家事這件事，孩子腦中應該會浮現「怎樣才能趕快做完」的想法，如此一來，孩子也會開始想辦法試著早點把家事做完。

像這樣「提高效率，藉以完成無聊工作的方法」，就能讓孩子活用在念自己不擅長的科目。

比方說，為了快點把餐桌整理好而背起來的餐具「分類術」，就能活用在背誦大量英文單字的時候。像這樣有在做家事的孩子，也會比較容易找到「有效率的讀書方式」。之後，再增加請他們幫忙的家事難度，比方說，告訴孩子「星期六的午飯就交給你了」，請他們來準備，更能提升孩子的能力。

沒有比料理更能接觸到許多「原來如此」的機會了。料理中其實隱藏了如「放調味料的順序」，跟糖、鹽粒子大小有關等等的科學小常識，對孩子來說，這是非常生動活潑的體驗學習，日後接觸到理化實驗時，可以與「這跟放調味料的順序一樣」等做家事的經驗相互結合，讓孩子們更容易了解。

如此一來，**家事不僅可以幫助孩子學習生活技巧，其中更隱藏許多提高學習效果的要素**。

料理逐漸上手後，孩子一定會產生像「本來應該是要加醬油的，但如果改放咖哩粉的話不知道會怎樣？」這樣的獨特創意。

如果味道還不錯，一定會讓孩子更認真去鑽研如何做出好吃的料理。失敗的話，也會讓孩子去思考「該怎麼煮才會好吃呢？」。這些想法都能激發孩子的好奇心與求知欲，並藉此提高學習能力。

不只要請孩子幫忙做家事，還要藉此激發孩子的創意，關鍵就在於父母的態度。除了對孩子說謝謝之外，也別忘了讚美孩子說：「你小學的時候，還沒辦法做這些。你真的好棒喔！」藉此可以增加孩子的幹勁，發揮自己的獨特創意。請大家不要忘記，除了「請孩子幫忙做家事」之外，還要「讚美」孩子喔！

18 男孩子是用身體來學習的

兒子在沙坑跟朋友吵起來。定眼一看，兒子手上那把沾滿沙子的小鏟子……

這時候，你會怎麼做？

會大喊：「喂！你在幹嘛？」

咦？你說自己不會那麼粗魯？——恕我失禮。

又或者是，走到孩子身邊，邊迅速押住他手上的小鏟子，邊溫柔的告誡：「不可以拿這種東西揮來揮去，拿這個打人的話，朋友會痛痛喔。還有，如果沙子跑進眼睛裡的話該怎麼辦？你自己想想看。」

很遺憾，我只能說這兩個做法都不對。

正確答案是「靜靜在一旁守護」。結果就如同你所想像的，你的小孩會用小鏟子打朋友，滿身是沙的朋友便大哭起來，但此時你也不能立刻衝出去，請繼續默默在旁守護。

開始大哭的朋友猶豫了一會兒之後，便衝過去撞倒你的小孩，揍了他一拳。你的孩子邊哭邊站起來，也衝向朋友，兩個人邊哭邊大打出手……。此時，正是家長介入的最好時機。

如果孩子手上拿的是金屬製的鏟子，或抓起沙子朝對方眼睛丟這樣的危險行為的，當然就另當別論。如果有造成重大傷害的可能性時，家長應該立刻阻止，但除此之外的情況，就應該默默在一旁守護。

與其說是為了孩子好，但多半是因為媽媽自己怕被其他媽媽說：「那孩子動不動就打人，我要叫我們家的孩子不要跟他玩。」「那孩子的媽媽都不管小孩，自己的孩子動手打人，還裝作一副不知情的樣子。」因此，當孩子一有什麼動靜，就立刻衝上前去阻止的家長非常多。

養育男孩子時，拼命阻止他去吵架或打架，很可能會產生不好的結果。不讓孩子直接用身體去感受痛或學會控制力道，長大之後可能會因為一時氣過頭而殺了對方。

因為男孩子不自己經歷過，不用身體去記憶的話，是無法理解「那樣的行為會招來怎樣的結果」。就剛剛沙坑的例子來看，女孩子會想像：「拿鏟子亂揮的話，會發生什麼事呢？」如果查覺到「會導致嚴重後果」的話，就不會付諸行動。

但是男孩子如果沒有經歷過「拿鏟子亂揮打到朋友害他大哭，朋友動手反擊也打傷了我。快樂的玩耍時間就這樣泡湯了」的話，是不會得到「所以，不能拿鏟子亂揮」的結論。正因如此，讓男孩子經歷失敗是非常重要的。

男孩子是靠身體學習的生物，這對女性來說可能很難理解，但請大家一定要知道，男人就是這樣的生物。比方說，從樓梯上跳下來是小朋友最愛玩的遊戲之一。一開始可能只能跳兩階，但慢慢的會變成三階、四階、五階，男孩子渴求的就是那鼓起勇氣成功往下跳之後的喜悅。

經常玩這樣的遊戲，不只能讓孩子知道「現在的我能跳四階，但還跳不到五階」，並藉此準確判斷自己的能力，還能學習到「要跳的時候，手腕要用力擺動，才能跳得遠」，或是「著地時膝蓋彎曲，就能減緩衝擊力道」等經驗。

只因為「如果著地失敗腳受傷就慘了」，而禁止孩子玩這遊戲的話，孩子就無法知道自己能跳多遠，以及跳下來的時候，腳會承受多大的衝擊力道了。

因此，孩子很有可能在朋友的慫恿之下，突然從很高的地方跳下來而受重傷。

累積許多經驗，經歷許多失敗，靠身體來學習的孩子，長大後也不會衝動做出傻事。要養成遇到全新事物時，可以思考該怎麼處理，並預測其結果，藉此獲得成功的能力，靠的就是從小不斷累積各種經驗。

為了讓孩子盡可能累積多一點經驗，**媽媽將「那樣很危險，不可以」的想法抑制到最小限度，正是培育腦筋靈活，且具備高度危機迴避能力男性典範的基礎。**

19 讓孩子去露營吧！

男孩子是靠身體累積經驗、不斷學習的生物。因此，在男孩子的成長過程中，要讓他們擁有各式各樣的體驗。

聽到我這麼說，或許會有浮現「我們家的小孩有去學足球、游泳跟畫畫，如過說要在開始念書前讓孩子擁有各種經驗的話，這樣應該已經很夠了吧」這樣想法的家長。

的確，讓孩子多運動，學習如何讓身體活動，是非常好的想法，但類似足球或棒球這樣的團體競賽，教練的指導方式也可能會造成反效果。

運動教練給我的感覺，就是很少有那種「讓隊員自由發揮」的類型，多半都是抱持「好好守住我給你的位置，為團隊貢獻一份心力」想法的人。就比賽來說，會有這樣的觀念也是沒辦法的，但其結果只讓我們看到許多嚴厲執行軍事化的管理，成為場上獨裁者的教練。特別是在退休男老師或幹勁十足的年輕教練身上，這樣的特徵愈發顯著。

為了不讓孩子發生「無法預測的意外」，足球教室等地都會給予細心的照顧——家長將孩子交到我們這裡來，孩子的安全當然是第一要件。但就必須讓男孩子擁有各種經驗的角度來看，卻顯得不足。

因為唯有發生「無法預測的意外」時，才能讓孩子學會「該怎麼去應對」，靠自己的力量化解危機時，孩子也能獲得非常大的成就感。

請大家回憶一下棒球。在整備完善的球場上，除了跌倒受傷的可能性很低之外，就算球在場上彈跳，還是會朝自己飛過來；但如果在沒有整備過、凹凹凸凸、滿是小石塊的空地上打球的話，就不是這麼一回事了。眼睛裡只看得到球，忘了留意腳下而跌倒，不然就是一個不小心彈到很難撿的地方或別人家裡。發生這些「無法預測的意外」時，孩子們就會開始思考各種辦法。突如其來的意外該怎麼處理呢？當孩子在思考這些問題時，便是在培養他們的判斷力。

但我們該怎麼打造能讓孩子多多體驗，並容易產生「無法預測的意外」的情況呢？

我認為能滿足這些條件的活動就是「露營」。

在大自然中露營，能讓孩子學習到很多日常生活中體會不到的經驗。

比方說，昆蟲棲息在哪裡？哪些樹最好爬？為了提高抓魚的效率，該怎麼阻擋水流？要生火的話，應該撿哪些木頭？該怎麼做才不會引起火災？下雨的話，該怎麼煮飯？要跟遠方的朋友聯絡的話，有沒有除了大叫之外的方法？鳥或昆蟲的名字？星座的名字？……大自然能教給我們的東西，沒有任何一種圖鑑比得上。

除此之外，大自然的露營，也容易發生「無法預測的意外」。比方說，風突然把帳篷吹得搖搖晃晃時該怎麼辦？釣魚線纏在一起的時候該怎麼辦？……孩子一定能在這些意外中感受到「出乎意料的樂趣」。

因此，露營並不只是搭個帳篷就好。為了讓孩子學到各式各樣的事物，我推薦大家一個「聰明的做法」，就是「**大人只需在旁監督，盡量不出手幫忙**」。

整理行李、決定要負責的工作、搭帳篷、煮飯、升營火……？露營時要完成的各種任務，都盡可能交給孩子。

當然也會有失敗的時候，但爸媽不能因此出手幫忙。**只要沒有太大的危險性，讓孩子不斷累積失敗的經驗是很重要的。**

經歷無數失敗後終至成功的那一剎那，孩子獲得的不只是成就感，他們也能藉著完成自己被分配的任務，了解到自己的存在意義。

或許有家長抱持著「有空在山裡跑來跑去，不如去念書……」的想法。但因為工作關係，我曾經跟很多小學高年級開始成績突飛猛進的孩子聊過，發現「小時候常去露營」的孩子，比我想像中多很多。這是教過無數孩子的我的親身體驗。

請各位務必牢記「讓孩子盡量去體驗，是父母親的責任」這句話。

20 讓孩子「玩遊戲」

不管在實際工作或這本書中，我經常提到「孩子是需要玩樂的」這點。特別是男孩子。跟朋友在大自然中玩耍，能激發他們的好奇心，與發現新事物的能力，就算住在城市裡，我也建議家長要帶孩子去露營，累積在大自然中玩樂的體驗。這是因為我知道，讓孩子親身體會在大自然中玩樂的樂趣，能帶來非常驚人的學習效果。

雖然露營帶來的效果驚人，但要定期帶孩子跟朋友們去露營，並不是很容易的一件事，因此，我建議家長只要利用暑假等長假，一年去個兩三次即可。

那除此之外，要讓孩子玩什麼遊戲呢？

大家應該不會有「我們家每年都會去露營兩次，其他時間都讓孩子專心念書，偶爾讓他們打個電動，放鬆一下心情」的想法吧？若真是如此的話，只會讓孩子越來越笨。放任孩子沉溺於電玩遊戲中，只怕「孩子跟朋友沒話聊」的父母親，應該也不少

吧！但電玩遊戲只能單方面接受刺激，無法促使孩子主動思考。

不斷接受單方面的刺激，雖然能訓練孩子瞬間反應的能力，但失去「認真理解問題，發覺被隱藏真相的能力」，也是這些遊戲的特徵。因此，沉溺在電玩遊戲裡的孩子，多半缺乏注意力，考試時也無法靜下心來認真閱讀問題，如此一來，就容易看錯問題，犯下雞毛蒜皮的小錯誤。

抱著「又不是一打就是好幾個小時，只是玩一下下的話，還能轉換心情」這樣想法的家長，也可以試著去玩一下孩子熱衷的電動，如此一來，你應該就能了解孩子越愛的電玩遊戲，越能讓人在短時間內被深深吸引。過度熱衷時，腦袋就會變得一片空白，還會像中毒一樣捨不得放開。

希望家長能夠親自體驗一下，我所說的「這樣只會讓孩子變笨」的含意。

「沒機會到大自然中玩樂，也不能打電動，那到底要玩什麼遊戲才好啊？」

我彷彿聽到了這樣的聲音。我在此誠心推薦的……還是「遊戲」。

我說的話並沒有互相矛盾喔！**我推薦的是爸媽小時候玩的遊戲，比方說撲克牌等**

紙牌遊戲，西洋棋、將棋等棋類遊戲。雖然會給人賭博的不良印象，但其實麻將也不錯喔。

這些遊戲的共通點，說穿了就是「戰略」。比方說，自己手上有一張王牌，場上也已經出現了一張王牌，如此一來，對手擁有王牌的機率有多高？對手在棋盤的某格中放了桂馬是什麼意思？對手丟了很多一跟二的牌，這樣表示他也不需要三嗎？玩遊戲時，腦袋也能像這樣不斷思考。

思考機率、順序、組合等問題時，就能瞬間歸納出自己的戰略，設陷阱讓對方受騙上當。

這跟數學的能力息息相關。我問了許多目前就讀一流大學數理科系的優秀學生，小時候熱衷於這些遊戲的孩子多得驚人。

我還問了其中主修物理或建築的學生，小時候愛玩樂高的孩子，更占了非常高的比例。要用樂高來蓋房子的時候，只是不斷將積木往上疊的話，這房子沒多久就會崩壞。想打造出堅固的高牆，就必須將各式積木交互拼湊；長大接觸到物理時，他們便會了解到這跟「樂高的牆壁一樣」，**從樂高中體會到的力學或立體造型的原理，就能與物理相互結合。**

我認識的數理科系優秀學生中，也有「小時候窮到買不起樂高」的孩子，聽說他是利用黏土，做了許多小土塊來代替樂高。

「如果要用這些小土塊蓋的很高的話，底座的黏土一定會被壓壞。所以，我在黏土裡放了竹筷，來當作補強用的柱子，這麼一來，軟軟的黏土也能蓋出非常堅固的房子喔！」

這故事告訴我們，他從小就是用親身體驗，來學習所謂的「強度」，他比那些在學校課程中才接觸到「強度」的學生，更能早先一步提升有關這方面的能力。這就是應證我經常提到「玩樂經驗的累積，可與之後的學習相互結合」的最佳實例。

另一個值得推薦的就是拼圖。根據長年在補教業的經驗，我得到了「數學好的孩子幾乎都很喜歡玩拼圖」這個結論。因此，最近在知名補習班的小學低年級課程中，也引進了拼圖課程。詳情請見拙作《玩拼圖提高孩子的數學成績》。

21 讓「美好事物」帶孩子遠離絕望

人生會遇到許多困境。工作上的失敗、生病、家庭糾紛等，就算是閱讀本書的現在，應該有很多人的內心，正充滿無數煩惱或挫折感吧！

隨著年紀的增長，人們越能克服所謂的瓶頸，這是因為成人累積了無數經驗，能讓小瓶頸不至於演變成人生的大挫折。但對人生經歷尚淺的孩子來說，遇到小小瓶頸時，很容易因此感到挫折、絕望。

最近，親手結束自己生命的孩子日益增加，有人選擇孤獨走上絕路，也有人上網邀約素昧平生的陌生人一起自殺。十幾歲就選擇自殺的人，並不是近年來才有的趨勢，因此，這狀況可說是十分異常。對每天的生活裡，只有學校跟家的孩子來說，這世界是非常小的，因此，對大人來說，一點都不起眼的小事，也會讓他們陷入絕望。這是因為他們的人生經驗尚淺，一點小瓶頸，就會成為無法跨越的高牆。

這就跟從有過登山經驗的人眼中看來，「這根本沒什麼」的小山一樣。對第一次爬山的孩子來說，其艱難度簡直可媲美富士山或聖母峰，因而產生「我不行了」的沮喪想法，是同樣的道理。

即使是第一次經歷挫折，極為絕望的孩子，幾年之後再回過頭來看，應該也會嘲笑那個「因為那點小事就沮喪到想死的自己」。但要一開始就達到這種境界，根本就是不可能的任務。

並非每個孩子絕望時，都會選擇結束自己的生命。那麼選擇自殺跟活下去的孩子，差異在哪呢？簡單來說，差別就在於「我不想活了」跟「雖然很痛苦，但還不至於結束自己的生命」，我認為關鍵就在於他們「是否知道美好的事物」。

比方說，因為一點小事而被朋友排擠的時候，孩子會不想去上學，心情也會變得很憂鬱；此時，偶然間抬頭望向天，映入眼簾的是夕陽餘暉，因此停下腳步，受眼前美麗景象深深感動的那瞬間，一定能忘掉內心的所有煩惱。

又或者是回家後，聽著喜歡的音樂，看著美麗的圖畫，沉浸在這些美好事物中時，內心就能獲得安慰。這樣的體驗，能與「活著並不是件壞事」的感想相互連結，而這也可以說是大自然或藝術帶來的喜悅。

能找出大自然或藝術的美好，並因此深受感動的能力，正是打造精采人生的基礎。認真讀書是件好事，但接觸到美好事物卻不會因此深受感動，就無法體會人生種種。

不知道事物美好韻味的孩子，當他們在人生中遇到挫折時，就無法立刻轉念，產生「世界真美好，活著是一件很棒的事情」的想法，也因此在遇到一點小瓶頸時，就感到絕望，甚至了結自己的生命。

為了培育出一個為天地萬物而感動的孩子，其關鍵就在於父母親要讓孩子知道什麼是「美好的事物」。突然把一本畫冊丟到孩子面前說：「這些都是雷諾瓦的畫，你拿去看吧！」孩子的內心也不會產生因接觸到美好事物的喜悅，父母的這個動作，只是將教科書換成了畫冊。

但我的意思並非如此。父母應該要在日常生活中，時常播放悅耳的音樂，或讓孩子們看到父母細心品味畫冊的樣子，讓孩子將無時無刻被美麗事物包圍這件事，視為理所當然。

不只是藝術，看到路邊綻放的小花時，也可以跟孩子說：「你看，好漂亮的花喔！」一起看著夕陽餘暉，一起感動的同時，跟孩子說：「好美喔！你看，顏色會變得越來越不一樣喔！」如此一來，孩子說：「媽媽你看，很漂亮吧！」的機會，應該就會增加。這時候，不管孩子說的是蟲，或是路邊的一顆小石頭，都請你感動的說：「真的耶！好漂亮喔！你好厲害喔！」而並非急著否定孩子說：「幹嘛撿那種髒東西回來啊？快拿去丟掉！」

孩子能感同身受的，是能打動其內心的事物——這是「教育的基本」，請各位一定要牢記。這世界上有許多美麗的事物，知道這個道理，並能自己去發掘這些美麗事物的孩子，就算遇到挫折，也能改變自己的想法，讓自己的內心獲得療癒。

這樣的孩子，是不會輕易感到絕望的。

為了不讓孩子自我了結，或因為對社會絕望而自我封閉，讓他們認識美麗的事物是非常重要的。

22 男孩子的教育需要夫妻的對話

日本少子化的問題日益嚴重。過去一家有四、五個兄弟姐妹的大家庭，完全不足為奇，但近幾年獨生子女已成了主流趨勢。

我認為少子化問題的關鍵，在於「父母親本身也是在少子化趨勢中長大的」。現在的父母親世代，其實已經很少人在有四、五位兄弟姐妹的大家庭中成長。雖然兄弟姐妹不多，但如果男女的比例平均，還沒有什麼問題，但如果家裡只有姐妹或獨生女的女性結婚，生下的又是男孩子的話，問題就會應運而生。

媽媽是女生，要養育女孩子應該沒有太大的問題，但要養育男孩子的話，媽媽完全不了解「男生的成長歷程」「這就是男孩子」「男性的生理、生態」，對自己來說，通通都是全新的體驗。

舉個常見的例子來說，孩子還小的時候，外出時突然說「想尿尿」，此時，有哥

哥弟的媽媽，就會不慌不忙的將孩子帶到隱密的草叢，輕鬆解決尿急的問題。說明白點，這是因為這些媽媽知道，這時候在路邊小便也無所謂。

但如果沒有兄弟或有從小一起長大的男生朋友的媽媽，就無法做出「小男生可以在路邊小便」的判斷，帶著孩子東奔西跑找廁所的同時，可能就會不小心尿出來，而讓母子倆都留下不好的回憶。這樣的媽媽其實還不少。

一群媽媽約到餐廳或咖啡館小聚時，做媽媽的會跟孩子說「要乖乖的喔」，甚至想說讓孩子摺紙的話，他們就會安靜的坐在一旁。但這招只對女孩子有用。男孩子絕對不是會乖乖坐在椅子上的生物，他們對周遭的事物充滿好奇心，會到處亂跑亂動，就算一開始乖乖摺紙，但沒多久之後，一定就會開始在店裡跑來跑去。

媽媽可能會因為「這孩子老是靜不下來」而生氣，但「不了解男孩子個性」的媽媽也有責任。也有聰明的媽媽完全不了解這一點，一氣之下就決定「這孩子就是不肯乖乖坐下來，我再也不帶他去餐廳或咖啡館了」。

問題就出在那些斥責一刻都靜不下來的孩子，試圖將男孩子的好動本性矯正成

「能安靜坐好的乖小孩」的媽媽身上。媽媽如果堅持這麼做，就會抹殺孩子原本擁有的旺盛好奇心，讓他們變得死氣沉沉。

當孩子進入青春期之後，媽媽將面臨更大的問題。不管是男孩或女孩，青春期時都開始對異性產生興趣。各位媽媽應該都經歷過「喜歡談戀愛的感覺」，在意的對象不斷出現的這個時期吧。但跟女孩子不同的是，這時候的男孩子會被連自己也無法控制的性慾所惱。

在擁有在意的異性或想戀愛的心情之前，男孩子最想做的，還是排放出體內大量製造的精子，這件事是女性無法理解的。因為這年紀的男孩子，還無法只看著自己喜歡的對象，所以只能上色情網站或看色情雜誌，來發洩自己的性慾。這是非常正常的行為，也是做為男生的必經之路。

但「不了解這樣的男性生理」的母親，發現孩子看的色情圖片或雜誌時，只會將自己的孩子當成「變態」大聲斥責。這只會徒增孩子的罪惡感，扭曲了原本應該讓其正常發展的性慾。

如此一來，該怎麼正常的養育這些連媽媽都無法應付的男孩子呢？此時，父親的存在就變成不可或缺的一部分。爸爸能教的，包括「小孩要怎麼尿尿才不會弄得到處髒兮兮」「孩子靜不下來的時候該怎麼辦才好」這些事。

父親的存在能發揮最大作用的時候，還是在前述的青春期。相對於「我在孩子的房間找到這個……」而感到不安的母親，父親可以一派輕鬆的安慰媽媽說：「啊，放心放心，男孩子都是這樣的。哪天交了女朋友，就不會碰這個了！」如此一來，就能消彌媽媽因為不知道該怎麼面對未知的生物（男孩）的媽媽，所產生的不安。

要消除媽媽這樣的不安，「感情融洽，夫妻對話多的家庭」，是不可或缺的，平常互動少的話，就無法討論像「孩子的性」這樣的敏感問題。我想大家也知道，夫妻的互動並非一朝一夕就能養成的。

因此，希望大家能謹記，**面對即將到來的青春期，唯有平常不時聊到孩子狀況的夫妻對話，才能將孩子養育成正常的男性。**

23 親手做料理，鼓勵孩子去上學

看到這標題，應該很多人滿頭霧水吧！為了不知道料理跟孩子上不上學有什麼關係的人，我們先來思考一下「為什麼孩子會抗拒上學」的原因。

就人際關係來說，大人的世界是由「職場」「家庭」「孩子學校相關的人員」、「自己的嗜好」「老朋友」「鄰居」「常去光顧的店家」等眾多的支線所構成的。「在職場上是很會照顧人，扮演著負責整合大家意見的領導角色，在鄰居眼中是和藹可親的太太」「在家裡是沉默寡言的父親，面對自己的嗜好時會露出好勝的一面，在學校師長心中是很會陪孩子玩的爸爸」等，隨著情況的不同，每個人所扮演的角色也會有所改變。

但孩子的世界比大人狹隘許多，他們最主要的世界是「家庭」與「學校」，最多再加上學才藝或去補習。

再早以前，應該還能包括「家附近一起玩的朋友」。但最近的小孩越來越少，要

在家附近建立有別於學校的人際關係，也變得更加困難。

孩子還小的時候，「家」在他們的世界裡占了舉足輕重的地位，但隨著孩子的成長，學校的朋友關係會變得越來越重要。抱持著「學校這個小小世界是自己的一切」這個想法的孩子絕非少數。

對將大部分的時間都花在經營學校人際關係的孩子來說，只要一點雞毛蒜皮的小事，就會讓他們臉色大變。回想自己的學生時代，各位家長應該也會心有戚戚焉吧！

不經意的一句話、態度、行動，會讓原本感情非常融洽的好朋友瞬間翻臉，開始敵視對方。這情況常見到根本沒什麼好大驚小怪，但對孩子來說，因為學校幾乎是自己生活的全部，因此，這可說是關乎自己世界存亡的大問題。很多孩子都因為一句不經意的話，而失去了棲身之處。

到最後，孩子產生了「做了無法挽回的事」「被朋友討厭了」「學校已經容不下我，我不想去上學了」……這樣的想法，並開始抗拒上學這件事。

不管做錯什麼事，只要有心想挽回，就能重新來過。每個大人都知道這個道理。

這世界絕對沒有什麼無法挽回的事。

但孩子卻不太了解這個道理，因為他們還未具備「換個角度看事情」的這個能力。

被朋友排擠的話，就先自己玩；被某個朋友討厭的話，就跟其他人玩；被老師罵，就努力其他方面挽回。只要努力想挽回，就一定會被注意到，就算沒有任何人認同自己，但還是每天去上學，再找到另一個新世界就好了。沒錯，因為仔細想想，學校也只不過是這世界的一小部分……

像這樣改變「看事情的角度」，就能找到各式不同的道路，本來就不需要絕望到抗拒上學。但可惜的是，孩子們還不知道可以「換個角度看事情」，才會感到無比絕望。孩提時代應該是在閃閃發光的世界裡快樂成長，與絕望應該是八竿子打不著的事，因此，有必要將「換個角度看事情」的能力當成生存的技巧，讓孩子加以學習。

那這能力該如何習得呢？

最具代表性的例子，就是「只要改變調理方式，再討厭的食物孩子也吃得津津有味」。比方說，討厭青椒的孩子，某天第一次吃到青椒肉絲時，突然發現「原來青椒這麼炒就會變好吃」，或是發現芹菜跟雞肉是非常合的這件事。

每天吃飯時都能發現「這麼做會變好吃」的孩子，也比較容易學會「迴避危機」的技巧。如果孩子知道「就算遇到討厭的事，只要改變看法或態度，事情就能好轉」的這個道理，他們對未來就會充滿無限希望。

我們再回到標題吧！

大家應該明白「親手做料理，激發孩子上學的欲望」這句話的意思了吧。**「孩子很挑食，所以就煮他喜歡的東西」**，一點意義都沒有。

投注心血讓孩子不挑食的好處，絕對不僅限於營養層面，**親手做料理還能教導孩子「不管遇到什麼事，你的做法將決定事情是否能往好的一面發展」這個道理。**不挑食的話，這世界上都是好吃的食物，吃東西的樂趣與喜悅也能無限擴展，這對孩子來說，一定是非常幸福的一件事。

24 媽媽一直嘮叨的話，孩子也不會聽話

大多數的媽媽應該都希望自己「盡量不要罵小孩，當個和藹可親的母親」，但現實卻是「一天到晚都在罵小孩，真的很討厭」吧！

對著賴床的孩子說：「快起床！不然要遲到了！」好不容易起床之後，又拉開嗓子催促孩子：「快吃早餐！」「臉洗了嗎？頭髮亂七八糟的！」「快點出門上學！」

等到孩子好不容易出門之後，一定會有早就氣力用盡，暫時沒辦法做任何家事的媽媽吧！

孩子放學回家後，媽媽的臺詞又換成：「老師有出功課嗎？」「快去念書！」要補習的話，就會說：「快去補習班！」晚餐做好的話，就會叫孩子：「趁熱快吃！」「快去洗澡！」「你要看電視看到什麼時候啊？不用念書了嗎？」太晚了就會跟孩子說：「不要熬夜，快去睡覺。不然明天又要睡過頭了！」……

這裡面有哪些是你經常掛在嘴邊的臺詞呢？說不定有人是「全部」，對吧！

虛心聽教、深刻反省、不重蹈覆轍——這是父母責備孩子的原因。換句話說，除了這些原因之外，父母不應該拿「就是不爽」「覺得丟臉」「不合己意」這些理由來斥責孩子。

不過，就算父母有無數個「希望孩子能行得正、坐得端」的正當理由，但孩子聽不進去的話，就沒有任何意義。

對孩子來說，什麼的斥責是無效的呢？

簡單來說，就是「只是嘴巴說說」的斥責方式。

比方說，孩子放學回家之後，你囑咐孩子：「快去洗手漱口。」但聽到孩子回說：「我要去朋友家玩，要先把功課寫完，沒空洗手漱口！」時，你是否也就因此作罷呢？或是要孩子：「快整理房間！」時，孩子回說：「等一下就會整理了啦！」時，你是不是只丟下「記得收啊！」就走了呢？

雖然父母「不想老是怒氣沖天的指責孩子」，但像前述的例子裡，只要孩子一回嘴，就覺得「自己該說的都說了」就不管的家長，其實還不少。

但這樣只會讓孩子更不想理會爸媽說的話。

叫孩子做什麼，就要讓他們現在完成，沒有什麼「等一下」，父母需要的就是這樣堅決的態度，而這種態度的必備條件就是「觀察狀況」的能力。

其實有很多父母都只是嘴巴說說，不會勉強孩子一定要完成，特別是當孩子說「我要做功課」「我要去補習」的時候，立刻浮現「這也沒辦法」這念頭的父母，就不會勉強孩子了，甚至會有「沒辦法，男孩子天生就是不會打掃」這樣的想法，一開始就放棄叫孩子打掃的父母。

「只會嘴巴說說，卻不會要求孩子一定要完成」，父母說的話孩子就不會放在心上，久了之後，孩子就會產生「爸媽也只是說一下而已，隨便回個兩句，他們馬上就會閉嘴了」的想法。

為了避免這樣的情況發生，首要任務就是「爸媽說過的話，一定要讓孩子確實完成」。

你可能會想說：「這樣會不會給孩子太多束縛？」但請想想，自己是不是「連不用馬上做的事，都要一直催、一直催」呢？提醒孩子的時候，除了要抱著「一定要讓他們完成」的態度之外，無須馬上完成的事情就不用說了。更進一步來說，「超越孩子可處理的範圍，說了也只是浪費口水」。

「去洗手漱口！等一下，你鞋子有沒有好好收到鞋櫃？去浴室之前，也把書包整理好！有講義的話就拿出來！功課呢？」

像這樣連珠砲般的說話方式，只會造成孩子的混亂。**先排好優先順序，交代的事一定要讓孩子完成——這樣才是培育孩子乖乖聽父母話的「聰明責備法」。**

25 不反省的父母會養育出蠻不講理的孩子

「做錯事就要道歉」——這是做人的道理，無庸置疑，但看看諸多新聞事件，會讓人不禁覺得，為什麼「做錯事也死不道歉」的人越來越多了？

現在這時代，已經演變成一流企業的高層、政府官僚、政治人物等社會地位高的大人們，即使「做錯事」，只要找藉口撇清責任，或展現蠻不講理的態度，不用道歉也能逃過一劫。我並不認為這些不知自我反省的上流社會人物，會對現代人帶來非常大的影響，但在這樣的社會風氣下，我更希望肩負未來希望的孩子們，能擁有「做錯事就應該好好道歉」的態度。

這在家裡也一樣。讓做錯事的孩子發自內心的去道歉，是非常重要的。大家想培養的，應該是一個就算不是故意，只是不小心手滑把餐具打破，也能馬上說「啊，對不起」的孩子吧？

如果打破的那一瞬間，只會開始找藉口說：「我不是故意的。只是剛好手滑。不是我的錯！」出了社會之後，也會因為「愛找藉口」而被其他人藐視，無法獲得他人的信任。

當然在這個例子中，孩子說了「對不起」之後，爸媽應該要立刻回說：「沒關係啦，你也不是故意的啊！有沒有受傷啊？」來安慰孩子。如此一來，孩子也會自我反省「沒有把盤子拿好，自己也有不對的地方」。

如果只會大聲斥責孩子說：「你在幹嘛？這盤子很貴耶！」的話，孩子就會立刻推卸責任說「自己不是故意的」！

就算對方是年紀很小的孩子，你在自己做錯事時也會好好道歉吧？做錯事會立刻說「可是」「那是因為」的孩子，多半是因為父母自己做錯事時，也會先找藉口所造成的。

比方說，截止日是明天的講義不見了。因為孩子老是忘東忘西，你便大聲怒斥說「你又把講義搞丟了」，還無視孩子「不是我搞丟的！我早就拿給你了」的解釋，找了半天才發現講義夾在記帳本裡。原來是你自己夾在裡面，卻忘得一乾二淨。

這時候，你能立刻跟孩子道歉說：「對不起，都是媽媽的錯。」嗎？

但別說道歉了，你應該只會嘴硬地說「都是你自己沒有保管好。」就算道歉，也只會說「啊，抱歉抱歉。」就輕鬆帶過了吧！

在這瞬間，孩子腦中只會浮現「媽媽好奸詐」的想法。

經常對孩子耳提面命說「做錯事就要好好道歉」，但自己做錯事卻不道歉。讓孩子看到父母這樣的態度，只會養成他們不會道歉的個性。希望父母能有所自覺。

可能有人抱持著「做父母的怎麼可以隨便跟孩子低頭道歉」的想法，特別是社會地位較高的父親，很容易會有這樣的想法。但不管是誰都會犯錯或會錯意。

重要的是做錯事之後的態度。無論對方是不是自己的孩子或晚輩，自己犯錯的話，就應該立刻承認，好好道歉，連這點都做不到的話，看著政治家拚命找藉口為自己脫罪的新聞時，父親口中那些自以為高尚的政治評論，只會讓孩子覺得虛偽。

父母犯錯時，只會找藉口說：「因為你老是忘東忘西的。」或是只會用一句：

「啊，抱歉抱歉。」就輕鬆帶過的話，就等於告訴孩子「就算做錯事被發現，也不能承認」。

如此一來，只會教育出做錯事也不會道歉、反省的孩子。

不能反省的孩子，成績也不會好到哪裡去。考不好的時候，他們並不會反省。因為他們認為不需要反省、檢討自己犯下的錯誤，這樣下去的話，**只會讓孩子不斷重蹈覆轍**，**成績一落千丈**，**也會失去念書的動力**。

請大家務必牢記，如果父母不會自我反省，只會教出笨小孩。犯錯時要用最真摯的態度，跟孩子說「對不起，都是媽媽的錯。」

26 父母反應冷淡，會讓孩子自我封閉

「教育孩子的過程中，最重要的就是仔細聆聽孩子說的話」。這句話大家耳熟能詳，但你真的有好好聽孩子講話嗎？聽到這個問題，大家應該都會說「是」吧。就算工作再忙，也會盡量挪出時間陪孩子聊天的人，應該不在少數；但如果再問有沒有聽孩子說些無關緊要的事時，回答「是」的人，恐怕就不多吧。

我必須說這是非常不好的。因為男孩子最喜歡的，就是這些大人眼裡看來一點意義都沒有的無聊事。

男孩子最喜歡大人眼裡看來「無聊至極」的遊戲、惡作劇，或是讓人忍不住大吼「你不要再說了」的廢話或冷笑話，一想到什麼無聊的事，就會忍不住立刻說出口。

對大人來說，陪男孩子聊這些是非常浪費時間的事，特別是在一堆家事做不完、剛下班很累、想安靜看個報紙的時候，小孩跑過來說一些無關緊要的事情時，你能非

常有耐心的聽他說完嗎？

應該有許多父母會直接回說：「不要老是說那些有的沒的。」說不定還會有直接大罵說：「你有完沒完！」吧。雖然我能體諒父母的心情，但這是非常糟糕的反應。喜歡說無聊事或開玩笑的孩子，其實是希望父母能有所「反應」。

覺得自己說的話很有趣、因為自己的笑話而開懷大笑，這對男孩子來說，是很開心的一件事。但自己明明說了很有趣的事，爸媽卻不想聽，或是聽的時候一副心不在焉的樣子，甚至嫌自己很煩，孩子會做何感想呢？在他們的心中只會留下「爸媽都不聽我說話」的絕望感。不管是誰，只要有人認真聽自己說話並有所回應，就能得到「他懂我」的滿足感。但如果對方說「你這麼說怪怪的」，或是根本連聽都不聽，就會漸漸失去跟這個人說話的欲望。交流互動是溝通的基本，溝通進行的很順利時，就能獲得自己被對方接受的滿足感。

不分大人、小孩都一樣，不管話題多無聊，只要對方笑了並有所回應，就會覺得心滿意足；沒有反應的話，就會產生被無視的悲傷心情。

尤其是當孩子還小的時候，無法分辨父母現在忙不忙，所以就算說：「我現在在忙，等一下再說。」孩子也無法理解。對孩子來說，「我想說話的時候，就是要你聽我說的時候」。畢竟除了父母之外，孩子還能說給誰聽呢？

孩子們的笑話多半都是無聊的小事，說起話來也不得要領，所以有時候聽起來會讓人覺得很不耐。不過，即使如此，仍舊認真有趣的聆聽孩子說的無聊話題，是非常重要的。

爸媽認真聽自己說話的喜悅，會讓孩子產生「想看爸爸、媽媽笑」「想跟爸爸、媽媽分享更多有趣的事」的念頭。只要耐心聆聽，總有一天孩子的表達能力會越來越好，因為孩子一定會思考「該怎麼讓話題變得更有趣」，如此一來，孩子就會開始下苦功去思考該怎麼組織話題，與其說了半天找不到重點，不如將細節統整得簡潔明瞭，自己要說的話也會變得更有趣，也就是開始「切磋琢磨」自己的說話技巧。

說不定會有孩子對媽媽的：「哇，你居然會知道這件事！」的反應感到開心，而開始收集起各種小知識，也許還會開始思考說話時的肢體語言、手勢，或是說話時的音量大小。這些「為了讓話題更有趣」所下的工夫，將會讓孩子的表達能力突飛猛進。

相反的，只會對孩子說：「不要再說那些有的沒的了！」「不要再說了，快去念書！」的話，會導致什麼結果呢？一開始，孩子可能想說：「如果換成這個話題，媽媽也許會有興趣。」像這樣嘗試改變話題吸引大家目光的孩子，也會因為父母一直展現出不耐煩的態度，而產生「說了也沒用」的念頭，放棄分享。

這念頭會與「不接受我」「被無視」的空虛感相互連結，最後可能會讓孩子開始自我否定，產生「爸媽不愛我」的想法，這樣一來，孩子就不肯再對父母敞開心胸了。

你應該會有忙到沒空聽孩子說話的時候吧！但這些無聊的話題，一句「等一下再聽你說」是無法發揮作用的。忙完之後，父母再問孩子：「你剛剛想跟我說什麼？」時，孩子想立刻跟你分享、讓妳開心的那股熱情，早已冷卻。

如果可以的話，當孩子來找你時，你就應該說：「嗯，怎麼了嗎？」並仔細聆聽孩子說的話。不用停下做家事的手也沒關係，聽到有趣的事時就適時大笑。**不管是多麼無聊的話題，只要爸媽認真傾聽，並發出笑聲或感嘆聲，就能培育出擁有表現力豐富的孩子。**

27 能正確理解「謊言」的孩子不會被選擇題困惑

這世界充滿謊言。要求包商偷工減料，卻對天發誓說自己沒下任何指示的建築業者；做出違法行為卻說「這麼做的又不只我一個」的業者；應該盡到監督責任，卻只以一句「監督不周」就帶過的檢查機關……。

孩子小時候，父母應該不斷跟孩子耳提面命說「不能說謊」。父母都希望自己的孩子長大之後，「不要成為睜眼說瞎話的人」；但大人們卻都知道，這世界上有所謂「可以說的謊」，和「為了自己方便，而必須說謊的時候」。

比方說，看到一臉無精打采的人時，用「看到你就覺得精神百倍」的謊言來激勵對方，絕非壞事；又或者對方提著一個不怎麼好看的名牌包包時，跟對方說：「這包包好時尚喔」也有其必要性。這些例子都是因為不想說出殘酷的「事實、心聲」所產生的「謊言」。

我認為應該教導孩子「讓人際關係更圓滑的潤滑劑」是不可或缺的這個觀念，並跟孩子解釋這跟以騙人為目的的「謊言」，是有所不同的，藉此，孩子就能學習到「謊言」其實分為很多層面，不是每個場合都要跟別人說實話的道理。

大家可以一起來思考看看，沒學過這世上是有「謊言」存在這件事的孩子，會變得如何？

首先要考慮到的是「他們長大之後，會變成很容易被騙的大人」，不只是轉帳種種詐欺行為，也很容易被「做這個一定能賺大錢」「戴了這個就會幸福」「買了這個就能驅除惡靈」等拿謊言來騙人的騙徒所欺騙。這就是現實的社會。

舉了這些例子，可能會有人想說「對啊，老實人看起來都笨笨的、很好騙。」但這並不表示「不會懷疑別人的人＝老實人」。

「懷疑」這個字給人非常強烈的負面印象，但真的是這樣嗎？

不管是什麼時代，有人灌自己迷湯、不斷洗自己的腦時，能阻止對方「等一下」的冷靜態度、發現對方說話矛盾之處的能力，都是不可或缺的，這對人與人的互動越來越少的都市人來說，更為重要。

例如有賣比市價貴許多的淨水器推銷員到家裡推銷，簡單打過招呼之後，業務員就會發「免費贈送淨水器。有意願者請撥打電話」的傳單；接著，推銷員會前往打電話的人家中，拔掉水龍頭上在百元商店買的淨水器，然後再拿著能測試酸鹼濃度的試紙，並說「這樣氯根本就沒有過濾乾淨」，引起大家的恐慌。

接下來，他們拿出大型淨水器，開始講說「買這臺的話就能將氯過濾乾淨」，開始了自己的推銷工作，偶爾也會穿插幾句像「甲浣」這種聽都沒聽過的名詞。有人稍微猶豫時，推銷員就會說：「一個月五千，分期貸款只要付五年」「比每天買礦泉水還划算。」在如此強力的推銷之下，就默默的在契約書上蓋了章……

此時，如果能稍微冷靜下來，或擁有客觀的判斷力，首先應該就能做出「不可能免費拿到淨水器」的判斷，因為根本沒打過半通電話啊！就算一時大意讓推銷員進到家中，也能做出「一個月付五千，五年的話就要付三十萬了耶」「淨水器只能去除水中雜質，讓自來水變成真水，根本就比不上含有豐富礦物質的礦泉水」。

換句話說，容易被騙的人絕對不是老實人，而是沒有保持冷靜或客觀判斷力的人。沒有人有能力可以教導孩子保持「冷靜」或「客觀判斷力」。因此，更應該讓孩子還小時，就自然學會「凡事都有背面，或有被隱藏的真相，謊言是逼不得已才存在的」這件事。

但是該怎麼教導孩子這個道理呢？

要學習判斷「謊言」，最有效的方法其實是廣告。跟孩子一起看電視，如果看到苗條的女藝人大啖巧克力時，就告訴孩子：「如果真這樣吃的話，她應該會更胖，滿嘴還都是蛀牙喔！」

又比方說看到原本價值一萬元的英文學習課程，現在居然只要三千元的廣告時，就告訴孩子：「去了之後，他們會逼你簽下好幾萬元的契約書」。像這樣配合孩子的年齡，去「吐槽」數量龐多的廣告臺詞。

當孩子具備了看穿「社會不為人知的一面」或「謊言」的能力時，不知不覺中就能孕育出「解開選擇題的能力」。不用我多做解釋，大家應該都知道，所謂的選擇題，就是從「每個看起來都是正確答案」的選項中，找出正確答案。

換句話說，如果孩子沒有「看穿謊言」的能力，可能就會被出題者騙得團團轉。

同樣地，在閱讀文章的同時，如果沒有抓到其背面含意或隱藏的真正意義，就無法選出正確答案。

將「不可以說謊」視為金科玉律，只會造就出容易被騙、不會做選擇題的孩子。不只要跟孩子強調「做人不可以說謊」，更要讓他們知道「看穿謊言」這能力的重要性。

28 「東大神話」是真的嗎？

「只要能進東大，就會被視為贏家，人生觀也會有所改變。」

這句話是二〇〇五年被改編為電視劇，造成熱烈討論的「東大特訓班」這部漫畫作品中，不斷強調的關鍵句，這也成為報考東京大學考生大幅增加的原因之一。

曾為流氓的律師，為了增加自己的知名度，打著「重建學校」的名號，來到一所為籌措學校資金所苦，即將面臨倒閉的高中。他以「五年後要讓這所學校有一百位學生考上東大」為目標，首先要送高三男女學生各一位進入東大，並展開一連串的大企畫……。應該有很多人都有看過吧？這部作品就是「東大特訓班」。聽到反抗的男學生說「上什麼東大啊……」這位曾經當過流氓的律師回應的是「只要能進東大……」的東大至上主義。

從官僚、政治或財經界高層、媒體、法界，到被稱為Hills族的ＩＴ企業高層，這些

在日本社會占了舉足輕重地位的人，多半都是東大出身。看到這事實，出現抱持著「在學歷至上的日本社會中，沒有高學歷一切免談。對了，日本的最高學府是東大，不念東大的話，就無法成為真正的人生勝利組」這種想法的父母，其實也不足為奇。

東大出身的女明星，與曾經當選過東大小姐的政治家，或多或少改變了大家對東大女學生的印象，但「高學歷女生，男生會敬而遠之」的觀念仍舊根深蒂固，因此會對自己的女兒說「考上東大獲得認可，不管在哪都能位居頂尖。如果想一輩子風調雨順的話，就以東大為目標吧！」的例子，可說是極為少數。

但男孩子卻不一樣。大多數的父母都會將「一輩子風調雨順」「不管在哪都能位居頂尖」視為金玉良言，抱持著「只要能進東大，天下無敵！」的觀念。

這觀念是正確的嗎？我認為「只要能進東大，地位、名譽、財富手到擒來」這種所謂的東大至上主義，不，應該稱為東大神話，必須重新思考。

將自己的聰明才智，都拿來思考怎麼賺大錢的六本木Hills族，不斷從事違背國家利益的官僚行為、不斷刊登錯誤報導的電視臺與報社……，在此我就不特定指名了，但我想大家應該都有發現會讓人產生「日本到底怎麼了？」的人幾乎都是東大出身的吧！我們每個人應該都要有「這就是日本最高學府的真面目」的認識。

看看現在的東大學生，大部分都是自孩提時期，就將大半時光花在拚命埋頭苦讀，卻沒有半點好奇心或感性的學生。他們可能很會讀書，但卻沒有創造新事物的能力或判斷力，甚至連想學習的欲望都沒有。

像這樣的一群考試機器，就算能維持故步自封的舊有制度，也無法構築新系統。就算時代日新月異，我們也無法期待他們能打造出全新藍圖。這就是日本眾多高學歷者的真實樣貌。

相對於此，內心懷著無法進入最高學府的遺憾，只能乖乖就讀被視為二、三流大學的學生又是如何呢？他們對舊體制抱著懷疑的態度，並且多半擁有想要創造更美好社會的願景，以及不被既有觀念束縛的想像力。

二、三流大學的學生，絕大部分都是在國、高中時熱衷於社團活動，擁有許多玩樂經驗的人，跟每天只往返於家跟補習班，整天窩在書桌前的孩子相比，他們累積了各式各樣的實際體驗。

擁有在孩提時盡情玩樂的經驗、在社團裡體驗到的挫折與人際關係的苦澀，以及無法進入最高學府的遺憾等，讓這些學生成為魅力四射、頂尖人物的機會。比跟只會死讀書極度缺乏實際體驗、沒有任何創意與想像力的東大生多出許多。

二次世界大戰結束已經超過六十年，在價值觀有了顯著變化的日本社會裡，今後需要的並不是只會墨守成規、憑藉高學歷作威作福的高知識份子，而是能打破既有觀念，構築新價值的創意人才。我認為這些靠填鴨式教育，失去隨機應變能力的威權主義者，在不久的將來會成為過去的遺物，甚至是社會的負擔。

所謂「只要能進東大的話……」的東大神話，早已成為幻想。**為了不再製造更多無法為社會貢獻一份心力的男人們，父母必須先行覺醒的時代已經到來。**

29 對男孩子來說「人生的意義」是什麼？

每位父母都希望「自己的孩子能幸福」。應該沒有一位父母從未考慮過孩子的幸福吧。那請讓我在此問大家一個問題：「你希望自己的孩子長大後，成為怎樣的大人？」

家有考生的父母，可能會回答：「得先讓孩子考上好學校，之後的事之後再說。」但「想讓孩子成為怎樣的大人」這個問題，真的可以之後再說嗎？目前真的「只要想怎麼上好學校」就可以了嗎？

我認為「**希望孩子長大之後成為怎樣的人？**」、「**對孩子來說，怎樣才算是幸福的人生**」等，都是必須優先考量的問題。

對男孩子來說，最重要的就是用身體去跟朋友們一起玩樂，發現有趣的事物，思考「這麼做的話，可能會更有趣」，並藉此創造出更加有趣的事物，再將這些體驗牢記在心中。這點我在本書中已經提及多次。

請大家想像，男孩子是背著要網羅眾多經驗的籃子出生的。跟朋友在公園裡玩得全身泥濘、露營時想辦法升起營火、抬頭仰望的美麗夕陽餘暉等等，將到目前為止的體驗全都放進籃子裡，當開始讀書之際，「就用背車站站名的方式來背化學元素表吧」、「朋友那時候哭泣的心情，就跟這篇文章一模一樣」等，就能將這些體驗一一從籃子中取出，加深學習時的印象。這是男孩子特有的能力。我之所以會再三強調「**男孩子最重要的，就是累積各式各樣的經驗**」之目的就在於此。此外，想培育男孩子為他人著想、獲得他人認可、努力讓他人高興的想法，就必須讓他們擁有與朋友一同嘻笑，共度歡樂時光的體驗，當然也包括能與初次見面的人聊天的社交性。

但如果沒有讓孩子累積足夠的體驗，只會逼他們背無聊的死書，對男孩子來說，最重要的好奇心、創造新東西的能力，或構築良好人際關係的能力，也會因此喪失。

很多父母都會說：「要成為怎樣的大人這件事，就等考上第一志願之後再慢慢想就好啦。」但犧牲理應可以累積豐富經驗的孩提時代來念書的結果，只會造就出毫無創造力、社交性，無法為社會貢獻一份心力，也無法適應這個社會的人類。

所謂的幸福人生，除了多接觸人群、分享快樂之外，也必須擁有自己的獨處時間。想擁有跟自己獨處的時間，就必須要有自己的「興趣」。就像我之前說過的，沉迷於電玩遊戲，或收看電視播放的運動賽事這類「被動」的興趣，一點意義也沒有，可以的話，要盡可能從事音樂、繪畫等藝術，登山或釣魚，或是能親自參與的運動，是比較理想的。我也認為興趣當然越多越好。

最理想的狀態，就是除了一個人默默的畫畫或製造模型外，還能擁有健行或踢足球這類能跟朋友一起活動筋骨的興趣。興趣的本質，不只是擴展自己的世界，還能認識各行各業的朋友，並且透過沒有任何利害關係的朋友，讓自己的視野更加開闊。

但是，興趣並不是說找就能找得到的東西。一直以來要求孩子背誦無聊的國文或英文單字，考上理想學校之後，突然跟孩子說：「考完試了，你可以去做自己喜歡的事，畢竟你到目前為止都沒有任何興趣。」他們應該會不知所措吧！

如果是從小就因為好奇而擁有無數體驗，背上的籃子裝滿無數歡樂回憶或經驗的孩子，他們會想說：「終於有時間能做自己喜歡的事了。要做什麼呢？」並立即行動。

但籃子裡只有數學公式或成語的孩子，腦中只有「不知道該做什麼才好」的想法。

這些填鴨式教育的犧牲者們，的確擁有豐富知識，但這絕非是基於好奇心所習得的知識，因此就算進了大學，也不知道該研究什麼才好。這種情況下創造出的，只是「能盡善盡美完成賦予他們的任務，但卻無法自行創新，而高學歷也造就他們不可一世的自尊心」的人類。

只要創造出高性能的電腦，就不用花太多人事費用在雇用這種人才身上而且這樣的日子，其實也不遠了。因此，擁有興趣是非常重要的一件事。

其實父母也不用為了讓孩子擁有興趣這件事傷透腦筋，因為只要父母自己本身有興趣的話，事情就會變得很簡單。爸爸喜歡運動，就可以帶孩子一起參加；不喜歡的話，不管是閱讀、逛美術館、做手工藝或園藝都可以。擁有興趣就能享受人生。看到擁有自己興趣的爸爸時，孩子們一定也會浮現「我也要找到自己的興趣」這種念頭。

媽媽也是一樣。只要擁有自己的興趣，當孩子看到媽媽沉迷其中的開心模樣時，也會了解「擁有興趣的好處」。

第3章

關於男孩的培育

30 填鴨式學習會扼殺孩子的好奇心

閱讀這本書的各位讀者，應該都希望自己的孩子能擁有幸福的將來，可以的話，更希望他們會念書，考上好學校。

另一方面，應該也有抱持「功課不好也沒關係，只要能找到最適合自己的興趣並持續一輩子，這就是幸福」的讀者吧！

我不斷強調「十四歲再開始用功讀書就可以了」「讓男孩子玩樂比念書重要」，但這並不表示我否定「會念書」或「考上理想學校」這些觀念。為了讓自己擁有一個豐富充實的人生，最重要的是找到並執著於自己的興趣，但也不能只做自己喜歡的事，而荒廢了學業。

喜歡足球的男孩，並不是每個人都能成為中田英壽或香川真司；也不是所有的棒球少年都能成為鈴木一朗；喜歡動畫的孩子，也不是每個人都能成為宮崎駿。

「靠著自己喜歡的事過一輩子」，需要比別人多一倍的努力跟才華，也必須在比一般社會更加激烈的競爭中生存下來。

如果你的孩子擁有驚人的才華，家中的經濟也能支持孩子不斷精進的話，當然可以跟孩子說「不用念書沒關係，朝自己的目標前進吧！」

若並非如此的話，就要教導孩子將自己喜歡的事當成一輩子的興趣，培養他們習得長大之後能為社會貢獻一份心力的「聰明才智」。

我所謂的「聰明才智」，指的是發生問題時，能早人一步找出解決之道，以及充滿彈性的想像力、隱藏在深厚造詣中的教養……，而非取得好成績而已。教育本來的目的應該是「讓頭腦變好」，而非考試時拿到好成績。

話雖如此，但一到考試時，每個人就理所當然的將心思通通放在「一定要及格」上。

因為入學考試的目標，就是成績剛好低空飛過，順利進入理想的學校。但問題就在於「及格」的方法。

應該有很多家長或老師都認為考試最重要的就是「背」！這想法在母親身上更是根深蒂固。她們深信將為了考試不得不背誦的大量國文、英文單字、數學公式通通記入腦中，是非常重要的。

因此，她們也深信在傳單背面反覆抄寫單字、數學公式、歷史年表這種「填鴨式」念書法，是最好的方法。但我可以斷言，這樣的念法只會讓孩子身心俱疲。

人類在成長過程中最不可或缺的，就是旺盛的好奇心與豐富的情感。沒有好奇心，人就無法吸收新事物；沒有感情，就無法與人接觸交往，如此一來，也無法體會藝術的美好。特別是男孩子擅長的科學、技術工作，都屬於「創造全新事物的分野」，這分野最重要的就是好奇心。

藉由接觸大自然、跟朋友一起出去玩等外界刺激，能讓孩子的好奇心更加蓬勃發展。**而好奇心也能成為當孩子接觸到未知事物時，拚命想向下挖掘的原動力。**

因此，隔絕了所有外界刺激，只讓孩子集中於「背書」這件事的學習方式，並無法激發孩子的好奇心。應該說填鴨式學習最不需要的，就是好奇心。比方說，當孩子必須背三十個國字時，若只想著「為什麼『暗』是一個日加一個音呢？」的話，別說三十個，大概連五個都背不起來吧！

從小開始默默接受填鴨式學習、不斷死背的孩子，跟從學習的過程中，藉由發現「為什麼」來找出「樂趣」的孩子，哪邊會變得比較聰明呢？不用我多說，一定是後者那些充滿好奇心的孩子。

好奇心並非來自每天的認真學習。跟朋友一起玩樂，在玩樂的過程中找到大量的**「為什麼」，靠著探討「為什麼」來獲得更大「樂趣」的孩子，也比較容易在念書時浮現許多的「為什麼」**。

我們不能否認的是，如果想在考試戰爭中倖存下來，致勝的關鍵在於知識量，但我們也不能因此讓孩子從小接受填鴨式教育。我們該做的，應該是**讓孩子盡情玩樂，累積許多能刺激其好奇心的經驗，如此一來，也能奠定短時間內提升學習效果的基礎**。

順帶一提，想知道「為什麼暗是一個『日』加一個『音』呢？」的話，可以調查國字的由來。音其實有「隱藏」的意思，因此從「太陽藏起來」演變出「暗」這個字。

31 盲目學習的男孩會變成威權主義者

「念書一定要有目的。」

聽我這麼一說，我能想像各位一定會拚命點頭說：「對對對，考上好學校這個目的非常重要吧！」。

我並非否定將考上好學校視為目的這件事本身。但為什麼是好學校？如果有第一志願的話，將那所學校設為第一志願的目的是什麼？

如果有像「想研究機械工學」「想為宇宙研究貢獻一份心力」這樣的明確目的，且為了達成這個目的，以最合適的大學為目標認真念書，是非常理想的。但只為了「進入東大，前途一片光明」「考上好學校，就能找到好工作」的夢話，究竟能不能被稱為目的呢？

現在以大學工科為第一志願的高中生人數不斷減少。日本有一部分的地方國立大學會選擇在東京、名古屋等大都市，舉行工科的入學考，因為少子化現象導致地方大學不能守株待兔地等待學生自己上門來就讀。但其實這裡面隱藏了另一個非常嚴重的問題，那就是「數理資優生大部分都以醫科為目標，而非工科」的事實。

大家不覺得這想法很奇怪嗎？所謂的醫科，聚集的應該是以當醫生為目標的學生，應該是擁有「想解救為病所苦的人」這種崇高志向的學生深造的地方。

但這樣的構圖早已瓦解，醫科變成了「數理資優生的唯一目標」。

「也不是對醫學特別有興趣」「我也從來都不覺得生物課有趣」的學生，因為醫科是數理科系的頂點，就選了醫科就讀、取得醫生執照、事業有成、功成名就⋯⋯。這跟世間少有的人才，只因在校成績優秀就成為法官的例子非常類似。

不覺得這樣很像超現實的恐怖電影嗎？但這樣的現況卻是「那些不知道自己的目標是什麼，只知道拚命念書的孩子們的下場」。

為了進入前幾志願，焚膏繼晷拼命念書、絕非輕鬆的任務。犧牲睡眠時間、想看的電視節目、想跟朋友玩的心情、就算不懂也要拚命解出答案⋯⋯，支撐著每個孩子就算再痛苦也能堅持下去的原動力，應該是他們的夢想。

應該會有擁有「念那間學校，就能盡情做自己最喜歡的化學實驗」這種目的的孩子，也會有「想念位於涉谷的那間學校，走在時代最尖端」，這種目的會讓父母傻眼的孩子。

但是，就算動機再不純，**只要能擁有明確目標的孩子，身心都是十分健全的。有了目的，更能激起他們對念書的熱情。**

相反的，沒有明確目的，卻要孩子為了念書犧牲一切，如果是擁有豐富情感的孩子，一定會承受不了。

其中也有本身沒有什麼明確目的，只照著父母的「先考上好學校，想玩的話之後再玩」的指示，拚命念書的孩子，我想這對那些家有不管怎麼罵都不肯乖乖念書的孩子的父母，應該會非常羨慕吧。他們對朋友在公園玩耍這件事無動於衷，乖乖的去上才藝班；當其他人放暑假跑去海邊、游泳池玩，把自己晒得跟小黑炭沒兩樣時，他們乖乖去補習；從不質疑「為什麼要念書」這件事，靠著四、五天的旅行稍微放鬆後，又乖乖去補習。對他們來說，認真念書的目的是「進好學校」，最終目標是「考上第一志願的大學」「成為醫生或律師」。

這樣犧牲一切、不斷努力的結果，就算真讓孩子考上第一志願，但他們到底會變成怎樣的大人呢？

其結果不用我多說，就是變成抱持著「我是東大畢業生，我很了不起」這種想法的人。

如果有幸成為官僚，應該也會變成抱著「我是東大畢業的官僚，我的想法，你們這些低水準的人不會懂」這種想法的威權主義者。

這絕對不是我在胡說八道。除了念書之外，他們一無是處，沒有興趣，也沒有欣賞美好事物的審美觀，唯一能拿來說嘴的只有「學歷」。

看看現在這個社會，其實有很多像這樣成績優秀的威權主義者，對這個社會來說，將有著「我很偉大，畢業於一流名校，下面人講的話沒必要聽」這樣想法的人，比喻為毒瘤也不為過。

在此，我想請問各位媽媽一個問題。你會想嫁給這樣的威權主義者嗎？可能會有人想說：「很好啊！這樣一來，日子應該能過得挺不錯的，我也能好好享福。」但如果你的孩子只能跟這種人結婚的話……？他真的能過著幸福快樂的日子嗎？我不認為他的人生，特別是退休後的日子會過得有多幸福。

「能考上是最重要的！」這想法無庸置疑，但是，我們也不能因此喪失了「**為什麼要念書？**」「**為了什麼而念書？**」這些目的。為了不讓寶貝兒子變成讓人嗤之以鼻的威權主義者，**做父母的應該讓他們找出「因為我想做這個，所以想進那所學校」這樣的目的去念書**。這絕對不是孩子一個人的問題，而是這社會的整體問題。

32 男孩子是發現「有趣事物」的天才

女性比不上男性這想法，在現代社會中早就落伍了。不管是成績或領導能力，許多女性都優於男性，我認為女性議員占國會半數或女首相的出現，都只是時間早晚的問題。在年輕世代中，我們也可以看到優秀女性逐年增加的傾向，「女孩子的成績在公立國中獨占鰲頭」，也是不可否認的現狀。

因此，女孩們對結婚對象的要求也開始有所改變。在過去，大部分的女性都希望自己的結婚對象「能有穩定的經濟基礎」，但現在的國、高中女生的理想對象，卻是「會做菜的男孩子」。也就是說，對工作能力強，有能力成為一家之主的女孩子來說，能照顧家庭讓自己放心闖出一番事業的男孩子，才是她們心目中理想的結婚對象。

在這些充滿幹勁的女孩們眼中，除了念書之外的大小事都交給媽媽的男孩子，都是「媽寶」，對這些成績優秀、前途一片光明的男孩子來說，今後將會面臨更多的苦難。

但即使是這樣的現代女性，還是有比不上男孩子的地方，那就是發現「有趣事物」的能力。

女性能按部就班的完成規定好的事，但男性有著不按牌理出牌的習性，這跟男孩子好奇心旺盛，採取行動時也不會考慮結果的個性息息相關。

比方說，在小學製作花壇時，女孩子會先做好花壇的邊框，考慮該如何配色之後，再整齊的將球根種下，更會算好球根之間的距離，讓每朵花都有足夠的成長空間。

但男孩子卻會開始天馬行空的想說：「要不要在這裡做個池子？」「在花壇的正中間蓋一座小山，就把花種在那上面吧？」還會無視種花時的要素，縮短球根間隔，讓花開得亂七八糟。從製作一個百花齊放的花壇這個目的來看，男孩子的行為都是畫蛇添足，但男生就愛做些不必要又無聊的事。

這樣的結果，可能會讓花朵枯萎，但如果讓這些球根順利開花的話，應該會變成一個前所未見的有趣花壇吧。這些都是「中規中矩」的女孩子所做不到的。

出人意料的是，能讓男孩子盡情發揮「發現有趣事物的能力」就是「料理」。如果女孩子的特色是中規中矩的做出好吃料理，男孩子的特色應該就是大膽隨性的做出創意料理。比方說，男孩子可能會突然浮現「把咖哩粉丟進關東煮裡，不知味道如何？」的奇怪念頭，並藉此開發前所未見的新菜單。

當然也可能會失敗。但相對於乖乖聽話，認為「那樣做就不是關東煮了」的女孩子，「不試試看怎麼知道」的男孩子，則會不顧後果的放手一搏。

男孩子只要一動手，就接二連三的浮現「這麼做不知道會怎樣？」的念頭，並加以實踐，其原動力正是「這麼做的話，一定會很有趣」的衝動。

故意去做一些「有趣、無聊事」的創意與行動力，在長大之後會變成大發現、大發明與開創新事業的重要力量。不管是學術研究或一般企業，他們需要的都是擁有驚人創意與創造力並能將其付諸實行的人才。從這點來看，大家應該就知道男孩子「發現有趣事物的能力」，是非常重要的。

這應該是男孩子與生俱來的能力，但做媽媽的，卻是剝奪孩子這能力的元凶。孩子一個人玩時，你是否有看過孩子的玩法好像跟自己認知的不太一樣？

這時候，媽媽都會忍不住插嘴說：「不是那樣，要這樣玩。」這樣一來，只會抹殺孩子好不容易才找到的獨特玩法。

更何況，如果要求孩子「凡事都要按規矩來」的話，就會失去讓孩子發揮創意的機會，媽媽這樣的應對方式，只會抹殺男孩子的優點。

男孩子在做某件事時，就算他們故意不按牌理出牌，做些無聊事，也請不要急著否定孩子說：「你在幹嘛？不要做些有的沒的，動作快！」而是要做出：**「哇，你在做這個啊？看起來好好玩喔！」的反應。藉由媽媽為自己做的事感到開心的這個反應，會促使孩子去發現更多有趣的事物。**

想培養孩子「想到有趣的事並加以實行的能力」，關鍵就在媽媽。就算孩子在做一些很奇怪的事時，也請在一旁安靜的守護，因為所謂的創造力，就是做無聊事情的能力。

33 學習過多才藝反而會讓孩子變得不負責任

想請問大家是從幾歲開始使用行事曆的？早的人應該十幾歲，晚的話應該是出社會工作之後才開始吧！在那之前，跟朋友的約定都只是寫在月曆上，沒有所謂行程管理概念的人，應該很多吧！

但現在連國小的孩子，「例行公事」都多到要用行事曆記下來。在學校度過大半天之後，還要趕著去學才藝跟補習，一整天下來沒有什麼特別行程的孩子，反而變得很稀奇。我也聽說有很多孩子放學回家之後要做的事一堆，包括學校作業、預習複習補習內容、練習才藝等，每天都過著分秒必爭的生活，想跟朋友玩的話，要查查看行事曆上空白的日期與時間，星期幾的幾點到幾點……我不是在開玩笑，這樣的孩子真的有很多。

就算每天要做的事堆積如山，但畢竟孩子只是孩子，無法好好管理自己的行程，偶爾也會有忘記該做什麼的時候。此時，父母親就扮演了重要的關鍵。

應該有很多人都認為，如果孩子每天都很忙碌的話，身為父母的，應該完美安排所有的行程，也就是說，每天催促孩子「功課做了嗎？」「補習班的東西弄好了嗎？」「練鋼琴了嗎？」是父母的任務。

就算每天要做的事堆積如山，孩子處理的能力也畢竟有限，沒有一個小孩子能在有限的時間裡，可以迅速完成所有任務，並做到盡善盡美。

比方說，補習快遲到了，東西卻還沒整理好；要準備模擬考，但學校功課還沒做完；明天要上課的內容還沒預習，但功課還沒做完等等，讓孩子恨不得「自己能有分身」。

這時候，父母很容易脫口說出「不要管學校作業了，快去補習。」「鋼琴就練到這裡，快去洗澡。」此外，也有一手掌握孩子的作息時間，時間到就跟孩子說「好，你的作業應該寫完了吧！接下來是預習明天補習班的功課。」的父母。

就算是小孩子，也有狀況好跟狀況不好的時候，也是會有平常都能順利完成的工作，今天卻無法按時間結束的情況發生。但跟孩子說「功課就寫到這裡」，強迫他們結束的話，會造成怎樣的結果呢？

這行為等於「強迫孩子半途而廢」。原本以為每件事都要完成，但最後都是半途而廢。因此，我希望做父母的對這件事能更有警覺心。

這樣一來，孩子就會產生「只要有做就好了。做不完的話，做到一半也沒關係。所有事都碰一下，做做樣子就可以了」的錯誤觀念。

到頭來，只會讓孩子變成擁有「事情不用做完，半途而廢也無所謂」這種天真想法的人。如此一來，就更遑論培養孩子「一旦動手就要堅持到最後」的責任感。

這世上其實有很多抱著「這樣也可以」想法的大人，這就是缺乏「堅持到最後的力量與責任感」的鐵證。這樣的人常抱著一堆該做的事，看起來能者多勞，但事實上，他們只是老愛半途而廢覺得這樣也無所謂的人。

這樣的人很容易說話不算話。自信滿滿的說著「沒問題」接下任務，結果一看就知道是偷工減料，工作態度馬虎。這樣的人能獲得他人的信任嗎？就我本身來說，我一點都不想跟這樣的人一起工作。

你想讓自己的孩子變成這樣毫無責任感，做事態度隨便的人嗎？應該不可能吧！**一旦動手，不管內容多麼無趣，都盡力完成 這樣的能力正是成就一番大事業，成為人生贏家的原動力。這能力是在孩提時養成的這點，請大家一定要謹記。**

因此，父母不應該過度安排孩子的行程，讓他們無法負荷。如果決定「今天要檢討考卷」的話，就讓他們完成這件事，更不能因為比想像還早做完，就要求孩子做其他事，而是要大大誇獎孩子說：「你好棒喔！」要追加的工作就挪到明天，給孩子一點自由時間。

急驚風的父母可能會覺得這樣很浪費時間，但要培養孩子成為負責任的人，這是最好的方法。

34 在少子高齡化社會裡，要教導孩子博愛的精神

除了在街頭巷尾常見的募款活動外，有時在超商收銀機旁，也都會設置募款箱。跟過去不同，募款箱已經成為我們身邊隨手可見的東西。

因此，造就了拿著募款箱到處騙取他人善意，態度囂張的詐騙集團，看似公益捐款，卻被挪用成該宗教集團的私人經費等完全無法信任他人的時代。但無論古今，募款箱是趁機教導孩子「這世界上有很多容易被我們忽略的弱勢族群」「為身陷困境的人貢獻一份棉薄之力的重要性」這些道理的大好機會。

現在，在我們日常生活中最常見的，就是擺放在超商收銀機旁邊的透明塑膠募款箱。看到那個募款箱，我們就能知道，大部分的人都會把買完東西找的一塊、十塊硬幣丟進去，偶爾也會看到丟了百元或更多紙幣的募款箱。

在此，請讓我問個問題。跟孩子一起到超商，看到放有紙鈔的募款箱時，你會如何

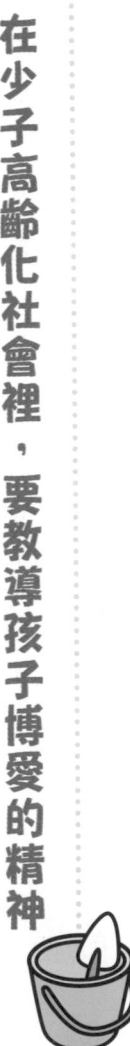

反應？

沒有任何反應沒關係，但你應該沒有做出「哇，好浪費喔」，或是「與其在這裡捐那麼多錢，還不如直接拿去買東西」的反應吧！

或者是當孩子說「我也想捐」時，妳應該沒有立刻否決說「不可以」吧？

我認為**能讓人生變得更加豐富的要素有兩種，一個是「在平凡無奇的生活中發現美好事物的心」，一個是「想為陌生人貢獻棉薄之力的體貼之心」**。

「發現美好事物」這點，我們在其他單元已經探討過了，在此就先跳過；另一個「對陌生人的體貼之心」，好像很容易被人們遺忘。但不只對小孩，甚至對父母來說，這要素都能讓我們的人生變得更加豐富。

想讓孩子考上前幾志願，或希望孩子能更好而來閱讀本書的人，應該都過著非常幸福美滿的生活吧！這世界上有著與其讓孩子去上學，不如早點賺錢貼補家計的貧窮國家，也有許多連預防針都打不起，小小年紀便告別人世的孩子們。

因為戰爭、恐怖攻擊、天災地變而無家可歸，連下一餐都不知道在哪裡的人，其數量更是驚人。想為這些不幸的人們貢獻自己小小的力量……我希望所有孩子都能擁有這樣的「良善」之心。

「人是不錯啦……」「光人好是沒辦法在這世界上生存下去的」等等，「好人」這個字大多伴隨了負面印象。在凡事都要競爭的社會裡，光是「人好」可能沒辦法生存下去，但人在行動時，也不能老是計算著利益得失。

假設有個畢業於一流大學、進入一流企業、幹掉所有競爭對手、人生過得一帆風順的人，他身邊的人也是抱著「跟著這個人準沒錯」的想法跟他交往。但如果有一天不小心失勢，或從工作的第一線退下時，會發生什麼事呢？他身邊的人應該就像退潮般一一離他而去吧！我就曾聽說過「辭掉工作之後，就再也沒收過賀年卡」的例子。可說是其典型。

被朋友視為「好人」的人，就算陷入困境，周遭的人也一定會伸出援手，也應該會有就算沒有任何利害關係，卻始終不離不棄的朋友。沒錯，「好人」會呼朋引伴，也不會輕易被捨棄。

要培養這樣的「好人」，離我們最近的好機會就是「善心捐款」。

如果你擔心「這些捐款會流入詐騙集團手中」的話，我建議大家可以捐款給國際義工基金，每個月花幾千塊來領養難民或貧窮國家的小孩。

你可以建議孩子將自己的壓歲錢捐出來，而不是拿去買電玩遊戲，這樣一來，就能幫助那些為了賺錢維持家計的孩子到學校念書，許多孩子也能接種預防針，因此保住一條小命。對今後的孩子來說，**透過實踐學會「體貼弱者」是非常重要的**。

說不定有人心裡會有「那些弱者關我屁事」的念頭，但請大家想想，你有一天也會老，總有一天需要別人照顧你的可能性非常高。

當你有一天變成弱者時，如果你的孩子是抱著「那些弱者關我屁事」的想法長大成人的話……。

現在大家應該了解我說「讓孩子擁有體貼之心，也能讓父母的人生更加豐富」這句話的用意了吧？

35 只有父母的倫理觀念，才能讓孩子遠離邪教和神怪

我聽說有「用超能力來進行犯罪調查」的電視節目，此外，有算命師或特異功能人士出現的電視節目，也非常受歡迎，而且有段時間也非常流行超能力者、靈能者、飛碟之類的靈異節目，直到現在這類節目依舊不退流行。但一想到這些對年輕世代造成的影響，就讓我不禁頭痛起來。

這世上有科學無法解釋的靈異現象或超能力……，這樣的想法，卻對年輕人有著致命的吸引力，最極端的例子，應該就是奧姆真理教吧！

一九九五年，奧姆真理教一手主導的地下鐵沙林事件，及其眾多的重大社會案件，都是日本犯罪史上前所未見的。除了「無知的市民死掉也無所謂」這樣極度自私的動機外，更引人矚目的，就是這些幹部、信者，多半都是一流大學畢業，擁有高學歷的知識份子。

遭到逮捕的男性信者中，不乏神戶著名私校高中畢業後，考上東京大學等高學歷的資優生。擁有人人稱羨的高學歷，卻犯下如此令人髮指的案件，這件事應該讓很多人為之震驚吧。

他們這些從小開始就品學兼優的精英份子，應該也擁有明辨是非的能力吧。但為什麼會犯下如此的滔天大罪？為什麼會深深沉迷於這種新興宗教？會相信所謂的超能力現象呢？這些都是值得我們大人省思的問題。

我認為會迷上新興宗教或超自然現象的孩子，缺乏所謂的「倫理觀念」。他們在日常生活中獲得的「倫理觀念」，都輸給了不切實際的理想。此外，孩子是否擁有「倫理觀念」，其實跟父母的倫理觀念和價值觀息息相關。

你本身是否擁有正確的「倫理觀念」呢？看到「倫理觀念」這幾個字，可能會有人覺得是宗教性字眼，因此產生反感；不過，我認為人活在這世界上，「倫理觀念」是絕對不可或缺的。

那麼，該怎麼習得這「倫理觀念」呢？其關鍵還是宗教。

話雖如此，但我想說的並不是「人都應該擁有特定的宗教信仰」。這世界上有著各式各樣的宗教，每個宗教都有能教化人心的教條，因此，我的主張是，只要截取這些宗教的「優點」就可以了。

比方說，全世界最具代表性的宗教，包括「基督教」「回教」「佛教」等，不知道大家是否知道這些宗教的核心價值呢？

基督教的重要教義是「愛人如己」——其意義就是就算沒有血緣關係，也要像愛自己一樣，去愛身邊所有人的意思。

回教則是「喜捨」——將對自己很重要的東西分享出去的心，是非常重要的。

佛教裡則有「慈悲」這個要以同理心對待他人的重要性的詞彙。這些詞彙分別代表了各宗教的核心價值。

看似簡單，但比較這三種宗教的核心價值後，不知道大家有沒有發現一件事？那就是**這些宗教都告訴我們「要為他人著想」的道理**。

如果父母能抱持這樣的倫理觀念來養育小孩，小孩也不會產生「只要自己好，別人怎樣都無所謂」的傲慢想法，被詭異新興宗教引誘的危險性也會大幅降低。

我認為擁有正確的倫理觀念，就不需要信仰特定宗教了。我剛剛也提到，流傳至今屹立不搖的宗教，其核心價值都是一致的，從這點看來，不就可以驗證「古今中外，最重要的觀念只有一個」這個論點嗎？

做父母的如果能先秉持這個真理去教養孩子，孩子就能擁有正確的倫理觀念。也就不會被新興宗教「○○老師說日本人是最偉大的」「不相信○○老師的笨蛋，沒有活下去的價值」的詭異教義所騙，因為其實世界上有很多天資聰穎，卻沒有正確的倫理觀念的人。

只要自己能賺到錢，別人哭也沒關係；擁有萬貫家財，卻從未想過要幫助那些不幸的人……。為了不要再增加只想著一己之私的人，為了讓未來變得更加美好，希望各位大人都能擁有正確的倫理觀念。

36 教育的基礎在「觀察」

我想閱讀本書的大部分讀者，應該家中都有考生，或是在不久的將來就要準備考試的孩子吧！各位應該都很認真的在思考，如何讓孩子擁有更美好的未來，讓孩子過得更幸福吧！

我有時候會問這樣的家長：「你真的了解自己的孩子嗎？」偶爾會被斥責說「你這不是廢話嗎？」但我之所以會這樣問，是因為抱著「做父母的是最了解孩子」這想法的，大部分都只有父母本身。

當你聽到孩子朋友的媽媽說：「〇〇常常會注意到一些小細節耶！」或學校的個人面談時，導師說：「他最近看起來沒什麼精神耶。是不是發生什麼事了？」的時候，你是否曾因此嚇了一跳呢？沒錯，雖說身為父母，也不可能對孩子的一切瞭若指掌。

請想想自己。你有向家人坦承一切嗎？就算沒有重大的祕密，但應該也會有「我從沒跟家人說過，其實我喜歡歌手的誰誰誰」「我一直瞞著大家，但我其實很討厭親戚的誰誰誰」「我雖然看起來很外向，但我其實比較喜歡一個人看書」之類的小祕密吧！

同樣的，你也不敢拍胸脯保證自己對另一半瞭若指掌吧！就算是結婚十幾年的夫妻，也常常會有某一天突然發現「丈夫（或妻子）不為人知的一面」，不是嗎？

小孩當然也是一樣，他們也會有父母沒發現、令人意外的一面，也有不讓父母看到的一面。話雖如此，只要跟孩子有關，就能自信滿滿的說：「我身為父母，對孩子的一切瞭若指掌」，就某個層面來說，是非常危險的一件事。

過去因為家裡有很多兄弟姐妹，所以父母的期待也會分散到所有小孩身上，而不會對一個孩子有過多的期待。但在現代這個少子化的社會裡，父母對孩子的期待，卻成為沉重的負擔。

念好國中、好高中、好大學，畢業後進好公司，過著安定的生活，能力許可的話，也希望孩子能照顧父母到終老。背負著如此龐大沉重的壓力，孩子也只能拚命努力去實現父母的期待。

我的意思並不是叫大家不要對孩子有所期待。父母會對孩子有所期待，是很理所當然的，因為期待是愛情表現的一種。

但在那之前，父母必須先摸清「自己孩子的個性」。

你的孩子喜歡什麼？對什麼有興趣？熱衷的事情是什麼？

在尚未找出這些答案之前，不應該替孩子擅自決定他們的未來，比方說就算數理很強，但對生物沒興趣的孩子，你就不能強迫他們以醫科為目標。

你的孩子喜歡跟其他人競爭嗎？是那種能靠競爭對手激起自己鬥志的人嗎？還是喜歡按自己的步調，默默獨自作業的類型呢？

在還沒釐清這些問題點前，就算及格率再高，也不應該擅自幫孩子選擇補習班。

對討厭競爭個性溫和的孩子來說，在聚集許多孩子充滿競爭氛圍的升學補習班念書，根本就是一種折磨。

會有「我家孩子一定可以」這樣的想法並沒有錯，但在那之前，父母的任務是仔細觀察孩子的一舉一動，並找出最適合孩子的路與方法。

我認為教育的基本是「觀察」。

原本學校老師也應該仔細觀察每個孩子，並根據每個孩子的個性來進行指導，但大家也知道，就目前學校的現況來說，這根本簡直就是不可能的任務。因此，**做父母的都應該具備能仔細觀察自己孩子的冷靜態度**。

但我的意思也不是叫你一天二十四小時監視孩子。孩子都在玩什麼遊戲？做什麼事時最專心？觀察他們日常生活的樣子，應該就能了解孩子的個性。

發現孩子熱衷的事物時，請一定要記得大力誇獎他們說「你真的很喜歡這個耶！」「你好棒喔！」

這麼一來，孩子就會感覺到「爸媽非常了解我」的喜悅與自信，也會激起孩子想要更加努力的欲望。

自動自發做的事或自己的興趣被認同的孩子，念書時也會變得更加主動，這比只會叫孩子「快去念書」，更能提高其學習能力。

不要將自己的理想強灌注於孩子身上，觀察並認同孩子的所做所為，才是最好的教育。

37 獨生子比獨生女更危險

過去說自己是「獨生子（女）」時，應該常會聽到：「是喔，那你一定很寂寞吧！」的回答。但在少子化的現代社會中，獨生子女變得非常普遍，反而是「三四個兄弟姊妹」變得相當罕見。

在獨生子女的時代，父母與孩子的關係也有了巨大的轉變。在兄弟姐妹眾多的時代裡，背負了眾人期待長大的長男，和爸媽都沒什麼在管的孩子之間，就有著顯著的差距。

兄弟姐妹眾多的話，父母就沒辦法一一顧到，如此一來，每個孩子就不用背負過多壓力，長大之後自然而然就能獨立自主。

但當孩子只剩下一個時，父母的所有期待都會集中在他身上，特別是母親寄託在孩子身上的熱情，跟過去的父母親截然不同。

如果是獨生女的話，媽媽期待的應該是「像朋友一樣的母女關係」。女兒長大之後，一起去買東西、看演唱會，衣服跟包包也可以共用……，像這樣看似姐妹或朋友般親密的母女，現在隨處可見。

身為一位母親，不管到幾歲，應該都會想藉著跟女兒一起出去玩，來常保青春。做女兒的，如果跟媽媽感情很好，以後就算生了小孩，媽媽也會盡全力來幫忙照顧孫子。但「像朋友一樣的母女」是無法獨立自主的問題親子典型，關於這點，媽媽應該要有所警惕。

獨生女的家庭有著這樣的問題，但其實獨生子的處境更加危險。

比起獨生女，獨生子的母親更容易去干涉孩子的一切，說好聽一點是細心呵護。但每天幫孩子挑衣服、換衣服，要出門時還幫忙穿鞋子……，跟女孩子比起來，媽媽對男孩子的照顧，更是無微不至。

不知道是不是因為跟個性認真的女孩子相比，男孩子就是比較容易心不在焉，還是因為媽媽覺得男孩子很多事都做不來，或是兩者皆是……。我其實也不知道為什麼，但我敢肯定的就是男生比女生還要邋遢。

媽媽從小開始對男孩子就有過度照顧的傾向，長大之後，當男孩子去挑戰一些危險遊戲時，如果是抱著「男孩子就愛玩這種危險的遊戲，搞得全身髒兮兮地才會成熟一點」這種想法的媽媽還好，但**大多數的媽媽都會大聲斥責「不可以！」，禁止男孩子隨心所欲的去玩耍**。

到頭來只會誕生一堆媽媽沒點頭，就無法自行下判斷，自己的事沒辦法自己處理，極度依賴他人的「媽寶」。

「青春期」是媽寶男最容易跟媽媽發生衝突的時期。我之前也有提到，青春期的男孩子可說是「被性慾操控的奴隸」。女性可能無法理解，但這時期男孩的「總之想發洩」的衝動，就是他們性慾的表現，聰明一點的可能會交個女朋友，完成人生的初體驗，但這畢竟是少數。

首先，大部分的男孩都會偷偷買黃色書刊藏起來，或上色情網站來ＤＩＹ。但照顧孩子無微不至的媽媽，不管孩子怎麼藏，都能把這些拿來自慰的道具一一挖出來，除了擅自跑進孩子房間打掃之外，還會偷看孩子的床底，打開孩子的電腦等等。重點是，媽媽對自己的行為一點都不會覺得不恰當。

問題不在於那些發現這些小祕密之後，悄悄將東西歸位的細心媽媽，而是那些不斷質問孩子：「這是什麼？」甚至說出：「你真的很噁心耶！」的媽媽。這不但會造成孩子心理很大的陰影，一個不小心，還會讓孩子無法擁有正常的性關係。

對身心健全的男性來說，自慰是很正常的行為，而這也是讓男孩子自立心覺醒的方法之一，所以，他們才要偷偷進行，而這也不是媽媽介入就能戒除的行為，因此媽媽的過度干涉，只會換來慘痛的「悲劇」。由此可知，身為一位母親，也是會有只能在孩子旁邊默默守護的時候。

另一個悲劇是被自私又任性的媽媽扶養長大的孩子。比方說看當天心情，說話內容搖擺不定的媽媽，昨天明明還能笑著說沒關係，今天做了卻突然被罵，有其他兄弟姐妹的話，還能分散負面情緒，但獨生子只能默默一個人承受。

到頭來只會教出「不敢違背媽媽、不敢表達自己意見」，這種簡直跟被去勢沒兩樣的男人。聰明一點的孩子，可能會學到「這時候說『是』就沒事了。」的訣竅，說不定還能用相同的招數哄騙同年紀的任性女孩，成為花心痞子男。但這樣的例子應該不多。

在媽媽面前抬不起頭的男孩子，長大之後也不會理性思考，只會抱著「凡事忍耐就對了」的想法，永遠無法獨立自主。

家裡只有一個男孩，除了真的無法讓步的事之外，希望做媽媽的都能經常抱著「不管他」的念頭。你應該也很清楚，沒有任何女生會喜歡媽寶吧。

38 避免讓自己的孩子成為宅男

最近幾年大學畢業後不去上班，或是高中畢業不繼續升學，也不選擇就業的年輕人與日俱增；此外，考上大學之後幾乎不去上課的年輕人也不少。這就是所謂的尼特族、飛特族。

據說日本目前的飛特族大約有三百萬人左右，這些飛特族被視為廉價勞工，受到某些雇主的喜愛。他們可能非常喜愛音樂或藝術，但這些興趣卻無法跟工作有直接關聯，因此他們只好放棄就業。為了賺取生活費，也希望有更多時間去做自己想做的事，他們多半選擇打工賺錢。

看到這些孩子「堅持自己的理想，卻也不想造成家裡的負擔，因此努力打工養活自己」的堅毅態度時，會忍不住想幫他們加油。但就另一方面來說，只要出了一點問題或被上司責備，他們就會立刻辭職走人，對自己的工作也沒有半點責任感。

開始工作之後，就必須忍受一切不合理的狀況。就算睡眠不足也必須早起擠上擁擠的通勤電車、要遵從名為上司但卻非常無能的大人吩咐的命令、不准染髮跟穿耳洞就算了，還不得不穿上討厭的西裝或套裝。

但飛特族（Freeter）這個詞，是來自英文的free（自由）跟德語的arbeiter（工人），正如其字面意義所示，自由是最高宗旨。的確，沒有比這個更輕鬆的差事了。但如此一來，要習得大多數人都必須遵守的基本常識或規則，維持身為社會人應該有的自覺，是有其困難度的。最能表現出飛特族欠缺身為社會人自覺的代表例子，就是他們大部分都沒有什麼時間觀念這件事。

一開始會選擇成為飛特族，是因為「有想做的事」，但卻也因此失去了責任感與自覺，一旦習慣了安逸的生活，慢慢的連花在「想做的事」上的時間都會消失不見，到頭來，有很多人拋棄了當初的夢想，日子「得過且過」。

尼特族又是什麼情況呢？尼特族是「Not in Education，Employment or Training（放棄學業、就業、就業訓練的人）」，簡單來說，就是啃老族。如果是花爸媽的錢去旅行、看電影、玩樂，因為至少還跟外界有接觸，情況還不算太糟，但這畢竟是極少數的特例。

成為現代社會問題之一的，是那些把自己關在房間裡，不肯走出房門一步的人，其中還有長年過著「餓了就把放在房門前的食物吃掉」「只有在家人都睡了的三更半夜，才肯走出房門」這種生活的案例。讓孩子變成整天關在房間裡不出來的家庭，他們的苦惱更是數也數不清。

都已經老大不小，還不肯找份正式工作這件事，的確很讓父母頭痛。但至少他們肯走出家門，想辦法打工賺錢，跟朋友見面玩樂，交交女朋友，跟把自己關在房間裡相比，已經算是幸運的了。不過，這樣的孩子要是在工作上不斷受挫，導致幹勁全失的話，也有可能放棄當飛特族。

此時，他們搬回家跟爸媽一起住，經濟不虞匱乏的話，就會開始成天在房間裡滾來滾去，無聊就看看漫畫或影片，一整天可以不用說半句話，只要上網打屁就心滿意足。

每天上網上到三更半夜，再睡到中午甚至傍晚，過著日夜顛倒的生活，一天下來也見不到父母幾次面，如此一來，不但不用整天被父母念：「你是要墮落到什麼時候啊？」生活也變得十分輕鬆自在，最後，再也不肯走出房門一步……。像這樣從飛特族變成無業遊民，最後變成躲在房間裡足不出戶的案例，應該還不少吧！

這些不肯跨出房門一步的孩子們，最讓人擔心的，就是本身早已「失去生存意志」。

躲在房間裡，陪伴自己的只有電視跟網路的孩子，只是會呼吸的存在，如此看來，他們的行為簡直可以說是一種「慢性自殺」。

孩子會把自己關在房間裡的理由不勝枚舉，但最大的共通點就是「喪失自信」。

從小開始就很優秀，也順利考進心目中理想的學校。但進去之後，才發現到處都是跟自己一樣聰明的人，又因為不諳社交，交不到朋友，不但沒有人想跟自己交朋友，還懷疑他們都在背後說自己的壞話……。原本以為上了大學之後，應該會有更廣闊的康莊大道在等著自己，但換來的只有疏離感與挫折感。他們就這樣一步一步斷絕了與外界的往來。

如果他們除了念書之外，還有其他值得引以為傲的才能，應該就不會落得如此田地；就算成績比不上別人，但如果還有其他興趣的話，說不定就不會把自己關在房間裡；如果有發自內心擔心自己的朋友，當自己想躲起來的時候，他們也會即時伸出援手。

年輕時遇到的種種挫折，都會促使人們成長。**但在失去自信時，沒有另一股能支持自己的力量，恐怕就很難從挫折中重新站起來。**

為了不讓自己的孩子變成那種整天躲在房間裡的人，為人父母該做的，就是努力幫孩子打造出能增加他們自信的某項事物。

39 男孩子的根本是「小雞雞的力量」

這是一個少子化的社會，而這個少子化社會正值世代交替之際，本書讀者應該都是這時期的父母代表。

現在大部分的媽媽，應該都是獨生女或只有姐妹，就算有兄弟，也應該只有哥哥或弟弟而已。也就是說，大多數的讀者，在生下自己的孩子之前，都沒有近距離看過幼兒的小雞雞吧！

我想在此請問大家，能立刻用自己的尿液在地面畫一個半徑超過兩公尺的圓嗎？或是能把尿尿到比自己還高的牆的對面嗎？或是站在開了一個直徑兩公分小洞的高牆前，將尿尿到牆壁的另一邊嗎？

這些對男孩子來說都是小事一樁喔！而且是每個男生都可以喔！這是因為男性的性器官有別於其他器官，是突出在身體之外的。

男孩子能做出要朝哪個方向尿的判斷，於此同時，他們會用手輔助，讓尿朝正確的方向噴洒，此時，男孩子的意志會發揮作用。因此，尿尿可以說是男孩子自我控制的基礎，也就是說，能尿對地方不弄髒馬桶的孩子，個性也會比較沉著。

「明明就沒有風……」但小雞雞總是晃來晃去的男孩子，就比較容易分心。

男孩子就是靜不下來，一直動來動去，「不知道什麼叫累的孩子」，指的應該就是男孩子吧。玩完一個又接著玩下一個，完全沒有乖乖坐著的時候。

我曾經因為長男老是靜不下來，累到忍不住跟家父抱怨，沒想到家父居然回我說：「開什麼玩笑啊，你小時候比他皮上一百倍！」

在本書一開始時，我就有提到男孩子老是靜不下來的個性，正是他們最重要的能力，我把這稱為「小雞雞的力量」。

這股力量會去渴望、尋找、發現有趣的事物，在這個過程中，也會帶來不可思議的驚人創意。

小雞雞的力量，是男性創造力的來源，因為有這力量，男人才會想到有趣的事。

也因為有小雞雞的力量，才會讓男孩子一直分心，去做一點意義都沒有的事情，因此，不喜歡男孩子老是靜不下來的父母親，只要把他們的小雞雞拿掉，夢想就會成真。

這樣做絕非明智之舉。生為男孩身，卻希望他們沒有小雞雞。

這樣的潛意識非常可怕。身為指導男孩子的專家（並不是小雞雞專家）的我，對這種事感到無比的恐懼。

但仔細想想，沒有兄弟的不只是母親，就連學校的女老師也是一樣，這些人應該都不是很了解男孩子的小雞雞，也不知道小雞雞的力量如此重要，因此，她們非常討厭，也絕不允許男孩子老是動來動去的。

常會有「啊，為什麼男孩子就是這樣啦！」想法的人，就是還不了解小雞雞的力量的人。

男孩子當然也擁有被罵就會有所成長的一面，但要他們乖乖坐著，絕對是不可能的任務。我們這些男人，大多數都具有「分心」的特性。

在都市裡生活，不得不整天待在室內，對著電動、電視、漫畫的孩子應該不少。但要是長時間乖乖坐著，小雞雞的力量就會發出「搗亂」指示，如此一來，大家應該就能想像「抓狂」的原因之一吧！

當小雞雞的力量獲得充分發洩之後，他們就會想說稍微坐下來念點書好了。這就是所謂的男孩子。

要教男孩子，不是要他們乖乖坐好、不要動來動去，而是要想辦法讓他們能好好動來動去。

不需要感嘆「為什麼老是靜不下來」，相反的，看到他們充滿元氣又超有男人味的樣子，你應該要覺得安心。這比喻可能有點不妥，但是，帶狗狗去散步時，看到狗狗高興的到處跑來跑去，主人自己不是也會覺得很開心嗎？

過去的男孩子，只要走出家門，到處都是大自然的遊樂場，也不會有車子在住宅區裡到處橫衝直撞，但現在能讓男孩子安全玩樂的場所，應該只剩下學校校園了吧。

我很認真的告訴大家，這樣的環境根本無法教導男孩子也無法培養最根本的小雞雞的力量。因此，我們這些大人應該要將「好好整頓出一個給男孩子玩樂的環境」，視為最優先的考量。

根據我身為教育環境設定顧問的經驗，我敢拍胸脯保證，「如果想教出一個個性沉穩的男孩子，首先要讓他們累積充分的玩樂經驗」，念書、準備考試，都是之後的事。要建立這樣的環境，靠的就是周圍大人的努力，唯有整個社會同心協力、打造出一個適合孩子玩樂的環境，才能培育出一肩挑起未來人生的孩子們。

在現代社會中，男孩子能尿尿的地方越來越少。坐式馬桶是讓男孩子學會正確控制尿尿方向的好教材，因為坐式馬桶沒有所謂的「牆壁」，而是要尿在一灘水裡。為了不讓水噴得到處都是，就必須把小雞雞扶好，抓好膝蓋彎曲的角度，順利將尿尿在馬桶跟水的接點，才不會亂噴；上完廁所之後，也不能忘記把馬桶擦乾淨。

根據我當家教多年的經驗，家裡廁所又髒又臭的小孩，幾乎都很皮，這是因為他們「失敗」時，也沒有確實將馬桶清理乾淨。男人的責任感就是要從這種小地方開始培養，這跟「如何讓孩子好好地動來動去」有著緊密的關聯性。

因此，**直到孩子能自己完成尿尿前，媽媽都必須不厭其煩的提醒孩子，爸爸也可以親自示範。**

最近也出現不想弄髒馬桶而要求孩子坐著尿尿的愚蠢行為，因為媽媽竟然將打掃廁所這件事，看得比孩子的教育還重要。

到了十三、四歲，老是靜不下來的男孩子們，就會知道長了陰毛的性器官，其實有其他作用，如此一來，就會改掉老愛動來動去的習慣。相反的，要是到了十三、四歲還靜不下來，就有點異常，不是會變成超級大笨蛋，就是變成響噹噹的大人物。

總之，當男孩子開始變得沉穩冷靜後，長年累積下來的好動性格，將轉化為成熟男人該有的真正好奇心與創意，我認為這就是男孩子學習力的來源。**能讓男孩子好好動來動去，他們也就能持續不斷的努力，除此之外，也會自動自發去念書，不須別人督促。**

當這一刻來臨時，做父母的就該整頓好孩子的教育環境。充分玩樂過後的孩子，不管去哪裡上課或補習，成績一定能突飛猛進，一路走來累積的經驗，也會變成限時炸彈，必要時炸開學習的瓶頸。但國語和計算能力不足的話，會成為成績突飛猛進的絆腳石，必須先幫孩子奠定這些基礎，將來才不會後悔。

如此一來，擁有健全的小雞雞的力量的男孩子們，長大之後，就會變成有著優秀探究心、創造力、工作能力，能為社會貢獻一份心力的真男人。

現代社會的男孩教育裡最大的盲點，就在這小雞雞的力量。

40 讓孩子成為能傳宗接代的男人

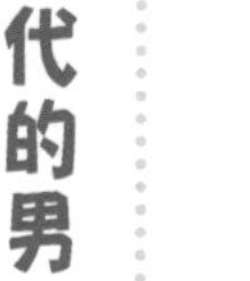

有兩份衝擊性十足的資料於二〇〇五年年底發表。一份是合計特殊出生率（平均每位女性一生中所生的小孩數）掉到史上最低的一點二六。一份是日本的死亡人數首度超過出生人數。

二〇〇三年先進國家的合計特殊出生率，美國是二點〇四、法國是一點八九、德國是一點三四、義大利是一點二九。因此，與其他各國相比，日本下降的速度特別快。由此看來，少子化已經成為關乎日本存亡的大問題了。

從之後發表的二〇〇五至二〇一〇年的合計特殊出生率來看，跟美國的二點零九、法國的一點八九、德國的一點三二、義大利的一點三八相比，日本的一點二七還是屬於低水準。

造成日本少子化的情形如此嚴重的原因，就在於女性將「闖出一番事業」，視為人生的最大目標。我想這點大家都心知肚明吧。

從民間企業到政府機關，我們可以看到活躍在各種不同領域的優秀女性。

過去那種「跟事業有成的男人結婚，專心當個家庭主婦」的女性已經逐漸式微，以知性與教養為武器，在社會上占一席之地的女性，早就不需要依靠男性了。

過去，二十四歲左右被視為最理想的適婚年齡。但對現代女性來說，這段時間卻是衝刺事業的黃金時期，根本就沒空去思考結婚的事。

要等到累積了相當的年資，有了穩固的社會地位之後，才會產生想婚的念頭。三十幾歲才結婚，結婚之後再來考慮要不要生小孩……這就是自立自強的現代女性。

過去有段時間，許多女性都認為，結婚就等於「找到一份安定的工作」。這樣說可能很失禮，但對毫無生活技能的女性來說，要活下去的方法就是「結婚」。

因此，不管是不是沒事就拳腳相向、外遇，或只是把老婆當成傭人跟性奴隸，只要能「給自己一個安定生活的男人」，就是理想的結婚對象，判斷標準，就是高學歷。只要學歷高就一輩子不愁吃穿，還能擁有一定的身分地位，也絕不會受貧窮所苦。

只要遇到理想的結婚對象，這些女性就會像為了生活默默做著討厭工作的上班族一樣，為了活下去盡力服侍老公、公婆，做好一切家事。

就現代女性的立場來看，一定會覺得非常不屑，甚至誇下海口說「我才不要咧。與其過那種婚姻生活，我寧可一輩子單身！」現代女性就是如此獨立。

獨立自主的女性會選擇的，絕對不是「高學歷且擁有穩定高收入工作的男性」。「結婚之後要專心當個主婦照顧家庭」的女性，幾乎快瀕臨絕種了吧。對結婚後還想繼續工作的女性來說，她們多半不會在乎丈夫有多少收入。

我之前也說過，對女性來說，「會做菜的男生是最理想的」。但不只要會做家事，小孩出生之後換尿布、洗澡，到幼兒園接送都一手包辦的男性，才是最理想的結婚對象，這對現代女性來說，已經是基本配備了。此外，男生還必須具備說話風趣、一起聊天很開心的溝通能力。

東大畢業的官僚或醫生，就算個性再差也能結婚的時代，早就過去了。現在是女挑男的時代。不僅如此，出現抱著「我要的不是男人，而是能擁有優良基因精子的提供者」這樣想法的女性，也只是時間早晚的問題。

因此，問題就在你兒子身上。這些不斷進化的女性會看上你兒子嗎？女性只要拿到精子，就能留下自己的基因，但如果沒有女性肯接受自己的話，男性是無法留下自己基因的。嚴格來說，其實只要自己的精子被挑中，還是有可能留下基因，但被挑中的機率，別說彩券，可能比中馬券還難吧！

到底有多少人曾認真思考過，不用留下自己的基因也無所謂的人呢？其實有很多因為種種原因無法生育，歷經辛苦的不孕治療依舊無法完成夢想，最後被迫放棄的人。只要一想到這些人抱著「無法將自己的基因傳給下一代的悲傷」，我就為他們感到心痛。但身體明明沒問題，卻無法擁有自己的小孩，留下自己的基因的話，應該就算是這世上最大的不幸吧！

做人的終極目標，並非過好日子，而是傳宗接代，不孕的人們之所以會感到悲傷，就是因為無法完成這個夢想。如果有人不想傳宗接代的話，我敢肯定他們一定是

「只能愛自己，卻沒辦法愛別人的不幸之人」。

你家小孩可能花了大半的童年時光認真念書，考上一流大學。但就算擁有再高的學歷，再穩定的高收入工作，無法將這基因傳給下一代，完成傳宗接代任務的話，其實一點意義也沒有。

在本書中，我之所以會不斷強調「要讓孩子盡情玩樂、接觸美好的事物、累積豐富的經驗、多與他人相處、長大之後要擁有許多興趣」，是因為這樣才能提高被女性挑中的機率，輕鬆完成傳宗接代的任務。**請不要用枯燥乏味的填鴨式教育，抹殺了孩子的好奇心、感性與生存能力，讓他們成為無法完成傳宗接代任務的男性。**

因為這問題不只關乎到小孩，更影響到你自己。

「女性認可的理想配偶」——這是今後的好男人典範，也是最基本的要求。絕對不是所謂的成績跟學歷。

成功的男孩教育法，就是培養出未來能成為好爸爸的理想男人。

後記

謝謝各位讀者看完本書。

單行本於二〇〇六年推出。一開始的寫作動機，是為了探討「母親對男孩子過度干涉」這個問題。我並非鼓勵媽媽過於「放縱」，而是要「解放管理」。

我在單行本的後記中是這麼說的。

我書寫本書的動機，是希望各位媽媽能將自己的心肝寶貝培養為堅強的男孩，因此，我認為有必要讓大家重新了解「男人」的定義。

對母親來說，要養育跟自己不同性別的男孩是非常不容易的，尤其是「獨生子」，因為身邊的人都不了解這是一件多麼困難的任務。

男人的價值並非取決於「笨蛋」或「聰明」，而是「能不能做」。

成為一切基礎的這能力，是無法以成績來評斷的。

而這就是所謂的「小雞雞的力量」。

要提高「小雞雞的力量」，最重要的就是靠經驗累積起來的自信。

我話就說到這裡吧！詳細內容我都已在前面的本文中提到了，請大家自己去確認。

希望這本書能對大家教育男孩時有所幫助。

以我這本書為先驅，坊間推出了為數眾多的「男孩教養書」，並形成一股風潮，因此，有越來越多的家長來找我商量男孩的教育問題。隨著家長年齡層的下降，我不斷看到母親跟兒子的關係緊密到完全分不開的案例。

不是「夫妻」也不是「情侶」，這種「母子連心」的現象，讓獨生子，特別是高齡產下的獨生子，在無法擺脫媽媽的控制下長大成人。

我認為這情況已經快要沒有任何轉圜的餘地，不久的將來，應該就會變得非常地理所當然。在我推出這本書之後，男孩子跟母親的關係變得越來越密不可分，不，應該是說，正因為男孩子跟母親的關係變得如此緊密，才會有越來越多的人來看我這本書。

世界產生了史無前例的巨大轉變，且在尚未找到解決方式的情況下，孩子長大成人，為人父母之後，世代產生交替。此外，在「自掃門前雪」的觀念無限擴展的現代社會中，跟鄰居或社會接觸的機會也越來越少，在這種情況下，年輕人必須好好思考怎麼去度過九十年的人生，在自己的人生歲月中，不管世界如何改變，都必須自己一個人學著去適應。

一個大男人如果只是想活下去，其實不怎麼難。努力去尋找自己想做的事情，其實就能創造出屬於自己的幸福人生。但這其實也是一項非常艱難的挑戰，因為做自己想做的事之前，必須先找到自己的興趣，除此之外，也必須要有時間去做自己想做的事。

我認為未來只有能自己找到想做的事情的男性們，才有辦法過著幸福美滿的生活。

請再讓我重複一次。想讓男孩子擁有幸福的人生，就必須「培養他們成為能傳宗接代，並且靠自己找到想做的事的大人。也就是說，要培養孩子成為具備溝通能力，與靠自己找出有趣事物的人」。**希望大家能以「讓孩子過著幸福生活」這句話為出發**

點，來思考孩子的教育問題。

最後，我要特別感謝能讓這本書順利出版的扶桑社田中亨先生、作家堀田康子小姐等人。這次能推出文庫本，特別要感謝扶桑社的光明康成先生、秋葉俊二先生與NOAH'S BOOK的梶原秀夫先生。在此也要向購買此書的讀者們至上十萬分的謝意。

國家圖書館出版品預行編目資料

媽媽這樣做,男孩會不同 / 松永暢史作 ; 王薇婷譯. -- 修訂2版. -- 臺北市 : 新手父母出版
城邦文化事業股份有限公司出版 : 英屬蓋曼群島商家庭傳媒股份有限公司城邦分公司發行
2022.10
面； 公分 譯自 : 男の子を伸ばす母親は、ここが違う!
ISBN 978-626-7008-25-6 (平裝)
1.CST: 親職教育 2.CST: 子女教育
528.2 111014548

媽媽這樣做，男孩會不同【好評修訂版】

作　　者／松永暢史
譯　　者／王薇婷
選　　書／梁瀞文
主　　編／梁志君

行銷經理／王維君
業務經理／羅越華
總 編 輯／林小鈴
發 行 人／何飛鵬
出　　版／新手父母出版　城邦文化事業股份有限公司
台北市中山區民生東路二段 141 號 8 樓
電話：(02) 2500-7008　傳真：(02) 2502-7676
E-mail：bwp.service@cite.com.tw
發　　行／英屬蓋曼群島商家庭傳媒股份有限公司城邦分公司
台北市中山區民生東路二段 141 號 4 樓
讀者服務專線：(02)2500-7718；(02)2500-7719
24 小時傳真服務：(02)2500-1990；(02)2500-1991
讀者服務信箱：E-mail：service@readingclub.com.tw
劃撥帳號：19863813　戶名：書虫股份有限公司

香港發行所／城邦（香港）出版集團有限公司
香港灣仔駱克道 193 號 東超商業中心 1 樓
電話：(852) 2508-6231　傳真：(852) 2578-9337
E-mail：hkcite@biznetvigator.com
馬新發行所／城邦（馬新）出版集團 Cite(M) Sdn. Bhd. (458372 U)
11, Jalan 30D/146, Desa Tasik, Sungai Besi,
57000 Kuala Lumpur, Malaysia.
電話：(603) 90563833　傳真：(603) 90562833

內頁設計、排版、插圖／翁秋燕
封面設計／鍾如娟
製版印刷／卡樂彩色製版印刷有限公司

2014 年 05 月 22 日初版
2018 年 12 月 25 日修訂版
2022 年 10 月 4 日修訂 2 版

城邦讀書花園 www.cite.com.tw

定價／350 元

ISBN 978-626-7008-25-6
EAN 978-626-7008-25-6